# 臺灣歷史與文化 研究輯刊

九 編

第 5 冊

## 日治時期北客再次移民之發展歷程研究：
## 以雲林縣林內鄉、莿桐鄉為例

謝惠如 著

花木蘭文化出版社

國家圖書館出版品預行編目資料

日治時期北客再次移民之發展歷程研究：以雲林縣林內鄉、
莿桐鄉為例／謝惠如 著 -- 初版 -- 新北市：花木蘭文化出版社，
2016〔民 105〕
目 6+182 面；19×26 公分
（臺灣歷史與文化研究輯刊 九編；第 5 冊）
ISBN 978-986-404-473-3（精裝）
1. 移民史 2. 日據時期 3. 雲林縣
733.08                                    105001803

ISBN-978-986-404-473-3

臺灣歷史與文化研究輯刊
九 編 第五 冊                    ISBN：978-986-404-473-3

日治時期北客再次移民之發展歷程研究：
以雲林縣林內鄉、莿桐鄉爲例

作　　者　謝惠如
總 編 輯　杜潔祥
副總編輯　楊嘉樂
編　　輯　許郁翎
出　　版　花木蘭文化出版社
社　　長　高小娟
聯絡地址　235 新北市中和區中安街七二號十三樓
　　　　　電話：02-2923-1455／傳眞：02-2923-1452
網　　址　http://www.huamulan.tw 信箱 hml810518@gmail.com
印　　刷　普羅文化出版廣告事業
初　　版　2016 年 3 月
全書字數　129633 字
定　　價　九編 24 冊（精裝）新台幣 50,000 元

# 日治時期北客再次移民之發展歷程研究：
## 以雲林縣林內鄉、莿桐鄉爲例

謝惠如　著

## 作者簡介

謝惠如，原名己蘭，祖籍苗栗，1959 年出生於屏東萬丹鄉，六歲遷居於彰化縣二林鎮。

學歷：國立高雄師範大學客家文化研究所碩士

現職：屏東縣豐田國小代理教師、客語薪傳師
　　　高雄醫學院醫用本土語言客語講師

資歷：國立教育館國中小學客語教材（南四縣腔）編輯委員
　　　客委會台灣客庄數位典藏拼音編輯委員
　　　客委會客語薪傳師培訓講師
　　　高屏縣市客語支援教師培訓講師
　　　客語沉浸式教學推廣研習講師
　　　華客語口譯人才培訓班講師

得獎：屏東縣客語績優教學人員
　　　100 年教育部本土語言文學獎 — 客語新詩（學生組第三名）
　　　102 年第三屆曾寬六堆文學獎 — 小說優選
　　　104 年第五屆曾寬六堆文學獎 — 社會組第一名

主編：客語鄉土文學《錢有角》
　　　屏東縣政府客家兒童床邊故事 CD 書

## 提　　要

　　客家人在台灣的開發史中，有著舉足輕重的角色。「北客再次移民」從日治時期至光復前後，由於災變頻仍加上南北縱貫鐵路的開通，原居桃竹苗山區佃田耕作的北客們，為尋求更好的生活環境，在台灣島內四處尋覓合適的地區，其中一些人選擇在雲林附近的鄉鎮地區落腳，這些地區就是本文所要探討的範圍，以林內鄉的林北村、林中村、烏塗村及莿桐鄉六合村等村為主要研究重點區。

　　日治時期在大批北客移民潮中，許多家戶並非遷徙一次就定居，有些經過多次的遷徙才定居下來，也有來來去去再返回此地，也有少數因適應不良而轉回原居地。北客移民從桃竹苗的丘陵地遷移到濁水溪的平原地，由客語區進入到閩南語區，語言的隔閡常造成不便與摩擦，不同人群之間的調適問題，也是造成移民再次遷徙的另一項因素。

　　本文從探討雲林地區的地理環境、氣候土壤、歷史因素等連結，藉以瞭解移民過程與當地的地緣關係，以及墾拓河壩地的艱辛過程。並從原居地的生活方式做橫面的剖析探討，藉以釐清北客們遷徙此地聚居的目的與地緣屬性，是否影響著他們所從事的產業，信仰的在地化、語言的流失和建築形式的改變。研究內容以口述訪談紀錄為主，作為文本的另一項真實的呈現。北客南遷於此形成聚落的原因為何，是血緣的脈絡關係？還是親友的點狀網絡形成？聚居及散居的分布情況是否隨著「水」緣而居？在這兩鄉中的田調過程中，的確發現了不少連結關係。

　　研究的另一重點就是客家話，它不但是客家文化的命脈之一，也是過去客家的歷史軌跡，失去了語言，客家文化也將一點一滴的流逝。從田調過程中已感覺這項隱憂，是否即將隨著歲月的流轉而消失殆盡，成為下一個世紀的另一群「福佬客」。

目次

## 表 次

## 圖 次

# 第一章　緒　論

## 第一節　前　言

　　想要認識台灣，必須先認識客家人，客家人在台灣史中有著舉足輕重的角色。由於歷史因素，在演進的洪流中客家人常流於遷徙的命運，常常是「遷徙－再遷徙」。[註1] 清朝時期的閩、粵人民因地處山區生活困苦，謀生不易加上人口壓力，及天災頻繁的自然破壞力，使得原處山多田少之地理環境客家人，在原鄉的生活日益艱困，不得不移居海外求發展，有到台灣、東南亞、澳洲、非洲、甚至美國、中南美等地區，客家人的蹤跡因而遍佈世界各地。即使客家先民遷徙來台，也依循相同的軌跡，於台灣島內進行著一次、二次或再次的移民。

　　客家人歷經清政府的渡台三禁政策，康熙年間朱一貴事件的族群械鬥，日治時期被殖民經驗，以及國民政府語言政策的打壓；三百多年來客家人的生存空間間接的被壓縮了。客家人為能在社會上立足，大多隱匿身分，在公共場合不敢承認自己是客家人，怕被輕視、瞧不起。直到西元 2000 年政黨輪替之後，政府成立行政院客家委員會及客家電視台，讓沉默許久的客家意識逐漸抬頭，也讓「客家」這塊招牌從新擦亮，不再像隱形人般地瑟縮自己。早期的客家研究大多著重於歷史源流、文化意涵等研究，近年來國內多所客家文化研究所的成立，有了更廣泛的探討的論述空間，除了政治、文化、經

---

〔註 1〕謝惠如，〈隘寮溪畔再次移民的北客聚落──以長治、麟洛鄉為例〉《第六屆客家學術研討會》（屏東：美和技術學院，2009），頁182。

濟之外，也已開始著重於台灣島內客家的再次移民研究。因此，客家人在台灣島內的足跡也漸次地被尋找、發掘。

## 第二節　研究背景與動機

### 一、研究背景

　　據文獻記載，最早遷移來台的客家人約在明朝中後期，之後鄭成功於明末清初時趕走荷蘭人，廣招人民來台墾荒，閩粵兩省居民才大規模遷移台灣，這些移民中的客家人所佔比例不多，多爲閩人。以人類學而言，在物競天擇之下，族群的演化會隨著需求而尋求熟悉、類似的生活環境，以利生存及繁衍後代。〔註2〕這些閩粵墾民願意選擇來台之因，大多是因著相同氣候及地理環境，再者又有許多尚未開墾之土地，在期許未來生活條件能有更好的發展情況之下，因而遷徙台灣。

　　清領時期閩人因佔地利之便，距離台灣近。在戴寶村《移民台灣：台灣移民歷史的考察》中敘述：台灣與福建兩地之間的距離很近，以平均數來說，台灣海峽阻隔台灣與福建的距離，只有一百八十公里而已，在順風的情形下，以帆船依自然風力航行，從福建到台灣形成僅需一天一夜。周鍾瑄《諸羅縣誌》氣候篇中載：諸羅在臺北，自廈門至臺，隔以重洋，水程十一更，約六百里。自福州至邑治之雞籠，水程七更，〔註3〕約四百里。連橫《臺灣通史》鄉治志：閩、粵分處，閩居近海，粵宅山陬，各擁一隅，素少來往。而閩人以先來之故，稱粵籍曰「客人」。由上述可知，福建與台灣的距離比較近，閩人來台較易且快，相對的具優勢佔上風，因此人口比較多，近海及較好耕地都由閩人先佔。客家人因受限於「海禁」政策及地緣關係，來台之後只能往偏遠地區的蠻荒野埔開墾，在林豪《東瀛記事》論曰：台灣大勢，海口多泉，內山多漳，再入與生番毗連，則爲粵籍人，說明了客家移民只能退而求其次，尋覓近山地區。

　　直到清康熙三十五年（1696）年解禁後，客家人才大規模遷移台灣。當

---

〔註2〕宋光宇編譯，《人類學導論》，（台北：桂冠圖書有限公司，1977），頁40～41。
〔註3〕依據郁永河原著，楊龢之譯注《遇見300年前的台灣——裨海遊記》提及：在海上沒辦法測量里程，只能用「更」計算，一天一夜定爲十更；一貫的說法是，從廈門到台灣，水路要十一更半。

初客家人遷移來台的路線，大抵可分南部、中部、北部三大區，由南部（嘉
義以南至屏東一帶）依次到中部（彰化、雲林、台中），再到北部（桃園、新
竹、苗栗）。中、南部兩區屬平地，土壤肥沃，水源充沛，種植及謀生容易；
但北部多屬丘陵地，山多田少，崎嶇難行，耕作不易，且土地貧瘠，歲收不
足，生活困頓情況下，或又遇天災、水禍、地震等種種不可預期之災難時；
認知裡土地依舊為生存的憑據，而此種情況就如同大陸原鄉，使得北部的客
家人又興起遷徙念頭，激發集體的共同記憶；因此，有了島內二次移民或再
次移民。

集體記憶有些是美好的，有些是痛苦的，當記憶的經驗承載著過多的痛
苦時，會因個人因素而改變目標，透過身體的經驗與土地結合，尋求另一個
相似的環境，謀求安身立命之地。美國考古學者 Mills 說：在人群的遷徙移動
過程中，並不是單一人群一直保持明確的社群邊界，現在居住在同一地的人
群，可能有不同的遷徙源頭，不同的遷徙原因；雖然移民彼此有著不同的來
源地，但是可能藉著相似的遷移路徑或遷徙原因，追憶傳說中的原鄉，讓人
群產生了獨特遷徙路線的共同記憶，並成為每個人的認同基礎（Mills 2004：
6）。這樣的理解有助於我們釐清遷移過程中，土地與人之間的關係，還有土
地的地貌與景觀，從而追求集體記憶中的共同情感。

## 二、研究動機

碩一時，班上的一次「雲林田調之旅」，開啓了我對客家移民史探究的
另一頁。那時在大家的觀念裡，總認為雲林地區的客家人，大概只有崙背鄉
及二崙鄉兩地區的詔安客，以及附近地區語言、風俗習慣已經被同化的福佬
客而已，不知在雲林縣境內仍有其他「北客」〔註4〕的移民。那是後來順道
去研究者的叔叔家拜訪之後，教授才驚訝的發現雲林地區尚有兩處客家地區
－莿桐鄉與林內鄉，這兩區的北客們約於日治時期及光復前後遷來此地。目
前老一輩者仍然說著道地的客家話（四縣腔或海陸腔的客語），生活習俗及
住屋仍保有早期客家風貌，更令人訝異的是，這兩處聚落相距僅八公里左
右，屬比鄰鄉鎮，然而他們所從事的產業與聚落型態卻截然不同。莿桐鄉的

〔註 4〕謝惠如，〈臨寮溪畔再次移民的北客聚落──以麟洛、長治鄉為例〉《第六屆
　　　客家學術研討會》，（屏東：美和技術學院客家社區研究中心，2009 年 11 月
　　　25 日），頁 182。

六合村是屬於散村式的聚落，林內鄉的林北村是屬於集村型的聚落。前者是種植稻米、蔬菜、甘蔗及其他雜作；後者是種植菸葉、稻米、水芋、草莓等作物。

對於當地概況雖然不甚了解，教授卻當場建議：「妳可以寫這裡的碩論」。值此「機緣」，此時塵封許久的記憶瞬間浮上心頭。記得小時候（約五、六○年代），祖父從苗栗遷徙屏東，之後父母又隨著祖父母遷移到彰化縣二林鎮，二叔和三叔則遷徙到雲林縣莿桐鄉的六合村。唸小學時曾跟著兄姊及小姑姑們，從彰化二林跨縣經由西螺大橋，徒步走了一個上午才到達叔叔家。有時則搭客運車到田中火車站，再搭火車到林內站，下車後再走一小時到叔叔家。

令人好奇的是，經過了四十多年了，這裡的環境風貌與記憶裡的殘存印象，似乎改變不多，純樸的鄉村依稀無法與現代社會景象串聯，亦看不出此地從農業社會、工商社會到科技時代的變遷軌跡。時代改變了，資訊與科技也日新月異，從牛畜的耕耘方式到現今的機械農耕，為何此地的風貌與時代的背景有如此大的不同。筆者想了解當初這些「北客」們選擇遷來此的原因、以及移民過程、還有在地化的情形？試圖從早期的文獻中或由田調方式來找尋南遷的軌跡。

## 第三節　研究目的與範圍時間

### 一、研究目的

北客再次移民，這是近年來台灣島內客家再次移民逐漸發燒的議題。研究當從日治時期開始，住在北部桃竹苗的客家人，因為山多田少土地又過度集中地主手中，佃農人口漸多生計困難，樟樹砍伐殆盡，腦丁開始往南部尋找事業第二春。天然災害如震災、風災的肆虐，迫使貧農開始了台灣島內的再次移民，因而有了北客南遷的稱謂，客家人的全島遷居又有北客、南客、中客、東客之分〔註5〕。移民的方式如同擊發的火光般，噴向各處不同點掉落下來，待落地生根後，就形成了北客、南客的東移宜蘭、花蓮、台東，中客、

---

〔註5〕　參見謝惠如，〈隘寮溪畔再次移民的北客聚落──以麟洛、長治鄉為例〉《第六屆客家學術研討會》（屏東：美和技術學院客家社區研究中心，2009），頁181～204。

南客遷移高雄、台南，還有北客南遷至中部的彰化二林、高雄美濃、高雄三民區、澄清湖週邊，屏東長治、內埔、南州大埔等地區，這些都是比較具有規模及代表性的區域範圍。但也有往台北基隆的，這些桃竹苗的客家人北遷之後就不再稱爲北客。邱彥貴、吳中杰《台灣客家地圖》：

> 日本時代不少桃竹苗客家人搬到新店的大坪林，三峽郊區的竹崙、
> 竹坑、五寮、大寮、有木等里。也有部分搬到瑞芳的九份、金瓜石。
> 這批農林與工礦從業者，形成日後大台北都會圈（含基隆）的首批
> 客家新移民。〔註6〕

台灣島內的客家移民，不僅帶來多樣化的移民潮流，也帶來不同城鄉的新移民。目前國內對客家研究方興未艾，然對北客南遷之研究及論述卻不多，僅有數篇對於遷徙於高屏地區的碩論研究，中部地區的北客研究仍付之闕如，尤其是雲林地區，大家僅知有「詔安客」，對於「北客」這個名詞卻少人知曉。本文嘗試以日治時期北部客家再次移民爲主題，希望從現有的林內鄉及莿桐鄉北客聚居區，探究遷移至此地形成聚落的原因？由這兩鄉的北客與在地的閩籍之間的互動、風俗習慣、集體性格、民間信仰等生活狀況來探討，了解台灣島內客家再次移民的許多不同的豐富面貌。

## 二、研究範圍時間

此地原是平埔族洪雅族居住之地，明末清初時閩粵移民相繼入墾之後，陸續建立聚落墾耕，逐漸形成有組織的農耕開發，至乾隆年間已大致開發完成。1895 年日本政府進入台灣之後，爲了要遂行其「同化政策」的殖民統治，領台之初，由政府主導實施「內地人移民」，視移民爲殖民政策的重要方針，並在台灣政治稍安時，便開始進行移民事業。移民的方式分私營及官營兩種，不管私營、官營移民都以實踐國家政策爲目標。日本政府的移民政策，乃緣於大正 11 年（1922）的「關東大地震」，超過十萬人的大量死亡人數及災害，使得已低迷的經濟更顯蕭條，而不得不進行此項移民國策。〔註7〕

日本領台之初，並無治水建樹，直到大正元年、2 年（1911～1912）的二次水災之後，才開始注意到洪水防治的必要性。大正 5 年（1916）年正式擬

---

〔註6〕邱彥貴，吳中杰《台灣客家地圖》（台北：貓頭鷹出版，2001），頁 131。

〔註7〕張素玢，《台灣的日本農業移民——以官營移民爲中心》（台北：國史館，2001），頁 150。

定淡水河、烏溪、濁水溪、宜蘭濁水溪等九條較大河川的整治。經過洪水之後，日本政府開始投入大量資金整治河川，堤防築起後造就不少濁水溪的浮覆地。〔註8〕西部縱貫線的鐵路開發，使得南北交通來往便利，亦帶動了北客的南遷。日治時期大正初年（民國初年）三五公司招墾，昭和 10 年（1935）年新竹州發生大地震，昭和 12 年（1937）的中日戰爭，昭和 16 年（1941）的大東亞戰爭；在 1935～1945 年期間，因戰爭頻仍政府實施「戰時經濟統治政策」，管制民生物資，民生困苦，百業蕭條，致使新竹、苗栗地區的貧農們紛紛南遷。

從日治時期至光復前後，由於災變關係加上南北縱貫鐵路的開通，北客們爲尋求更好的生活環境，在台灣島內四處尋覓合適的地區，其中一些人選擇在雲林附近的鄉鎮地區落腳，這些地區就是本文所要探討的，亦即林內鄉的林北村、林中村、烏塗村及莿桐鄉六合村，和附近的一些散戶爲本文研究範圍。

## 圖 1-1　雲林縣－林內鄉與莿桐鄉地圖

資料來源：雲林縣政府網站

〔註 8〕同上註，頁 162～182。

圖1-2 北客南遷－聚落地點

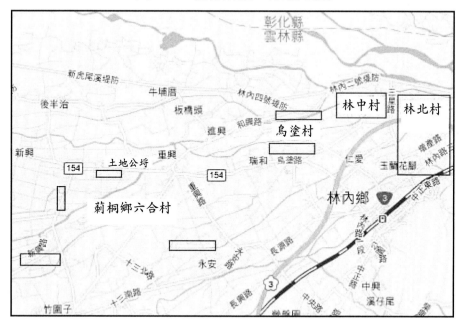

本圖引自：google 地圖改編

# 第四節 研究方法

## 一、文獻探討法

　　文獻資料的研究是田野調查的基礎，也是理論研究的第一步。所謂「文獻」，就是前人留下而為我們今日所見，並能為我們研究歷史問題提供論證的依據。從已有的學術專書、理論資料、論文期刊及政府部門的相關文獻資料，蒐集整理後進行分析探討，並檢視歷史紀錄資料之後，便可以了解移民社會的發展現況及過去變化。不同的文獻資料可以作交叉比對，可以釐清一些模糊地帶，澄清一些史實。本文將以有關之客家遷移史及北客南遷和濁水溪流域之資料為主，如雲林縣政府的《雲林縣發展史》，吳中杰（台灣客家語言與移民源流關係研究），江運貴（客家與台灣），張素玢《台灣的日本農業移民——以官營移民為中心》，邱彥貴、吳中杰《台灣客家地圖》，鍾文誌《內埔地區北客移民及文化之探討》，賴郁如《客家族群的再次遷移與內在關係：以屏東長治鄉為例》，謝惠如在第六屆客家學術研討會發表的〈隘寮溪畔再次移

民的北客聚落——以麟洛、長治鄉爲例〉，及林秀昭《北客南遷高雄地區的開發與義民爺信仰之研究》，和黃啓仁《恆春地區客家二次移民研究：以保力村爲例》，吳煬和在第六屆客家學術研討會發表的〈二次移民文化變遷——以屏東縣南州鄉大埔村爲例〉，鍾肇文《客家人移民台灣中南部史》，林正慧《清代客家人之移墾屏東平原與六堆客庄之演變》，劉還月《台灣客家族群史：移墾篇（上、下冊）》，張素玢《歷史視野中的地方發展與變遷：濁水溪畔的二水、北斗、二林》，謝四海《彰化縣二林區源成客家庄史續集》，魏金絨、池松華《二林區客家族群研究》，彰化縣文化局《濁水溪流域自然與人文研究論文集》，劉還月《臺灣客家族群史移墾篇：台灣客家的初墾與二次移民》，黃學堂《客情——東移池上客家情》，趙川明《客鄉——鹿野大原客爲鄉》，孟祥瀚《日治時期花蓮地區客家移民的分布》等收入研究中。從上述書籍資料的蒐集再加以彙整，從而整理出一系列的參考依據，並從理論中搭配田野調查所得之資料來掌握詳實的遷移史，印證移民的遷移路線、經歷及文化的變遷。

## 二、參與觀察法

　　參與觀察是民族誌（ethnography）及田野工作（fieldwork）的核心方法，也是觀看、聆聽、詢問、互動的全稱。此法是利用深入所研究對象的生活背景中，去實際參與研究對象日常社會生活過程中所進行的事項，並維繫與當地民眾間的關係爲重點，藉以了解其正常生活的眞實樣貌。參與觀察者通常不是要驗證某種理論或假設，目的就是對現象發生的過程提供直接的和詳細的資料，以便對其有比較深入的理解。而參與者的角色亦是在田野研究中建立，需要讓自己成爲一個陌生人來出現，經過融入的過程被信任，再以日常生活的情境、環境，作爲研究本身和研究方法的基礎。田野工作者是透過自身文化的體驗來認知瞭解，被研究者的行爲環境的文化訊息。〔註9〕本研究擬用田野調查方式，參與其日常生活與社區活動，透過實際的參與、觀察、紀錄當地移民之社群活動、建築形式、民俗活動、聚落發展作爲探訪研究資料的收集。

---

〔註9〕W. Lawrence Neuman 著，朱柔若譯，《社會研究方法：質化與量化取向》（台北：揚智文化事業，2002），頁 651～663。

### 三、深度訪談法

當初決定研究此地的「北客南遷」時，找遍了當地縣政府及鄉公所的圖書館均無所獲，沒有「鄉史」，更找不到相關文獻資料。鄉公所人員還懷疑的說：「我們這裡有客家人嗎？論文寫好時，記得給我們一本喔！」為此，深度訪談便成為尋找第一手研究資料的來源。

深度訪談法是一種個人的訪談法，也是一種面對面的直接溝通，除可增加資料蒐集的多元性外，更能藉此瞭解受訪者對問題的想法與態度。通常使用此法時，會讓受訪者在一個沒有限制的環境裡，就主題方向可自由的談論，並說出自己的意見和想法，但不是強迫回答或是引導性的訪問。

為了能順利找到報導人，請住在當地的叔叔帶路並介紹，由於叔叔也是北客之一，彼此都有熟識，因此加深了我與報導人之間的信任感。這些從桃竹苗南遷的北客，多數仍說著道地的四縣腔或海陸腔的客語，相同的語言來自相同的家鄉，那種人不親土親的情感，讓訪談幾乎變成是一種話家常的敘舊。情感的融合使得氣氛熱絡，彼此話匣子一打開，真情流露侃侃而談。有了這層互動，不僅節省許多時間容易進入主題，受訪者也會主動提供資料，使訪談更為順利。

這些報導人也會熱心的幫忙介紹新的訪談對象，或是帶我們去巡訪其他地區的北客們，以滾雪球的方式來擴大訪談範圍，讓幾乎找不到文本資料的遺憾，能藉由這些詳實的深度訪談來填補。透過訪談的田野調查方式做為一些理論基礎，由不同受訪人的報導、記錄、資料，來彌補文獻資料之不足，也可以檢證口述歷史的真實性及可信度，作為本研究論述的重要依據。

## 第五節 文獻回顧

客家移民研究是對一個曾經的群體運動所發生的規律及其過程的研究，隨著時光的流逝這種運動已成為一種特殊的歷史。近年來學術界對於客家移民的研究已有許多成果，尤其是明清時期的客家移民議題，學術界的關注研究已非常多。但對於日治時期及光復前後至民國 60 年代，台灣本島內的客家族群的移民研究仍寥寥可數，這項議題應被持續關注不能遺忘或斷層，需被重視與研究。明末清初以後客家人相繼遷移台灣，這是研究客家移民史很重要的一個連接點，在台灣的歷史研究中佔有很重要的地位。客家人

遷移台灣，儘管不是有組織的集體行爲，但它卻反映了一個時代的社會發展趨勢。

　　當一個族群向外遷移的時後，他們是爲了什麼而遷移？選擇目的地的選項爲何？而到了另一個陌生環境，他們該如何生存與適應？又會使當地社會文化產生怎樣的變化？是他鄉即故鄉？還是他鄉就是最後落腳的地方？日治時期台灣島內的客家移民，是否如清領時期當成是一種外出就業謀生的方式？藍鼎元的《平台紀略》述：廣東潮、惠人民，在臺種地傭工，謂之客子。所居莊曰客莊。人眾不下數十萬皆無妻孥，時聞強悍。然其志在力田謀生，不敢稍萌意念。往年渡禁稍寬，皆于歲終賣穀還粵，置產贍家，春初又復之臺，歲以爲常。〔註10〕在暫時性移墾時期方面，清代早期客家先民來台之初，並非著眼於長久居住的打算，多數是因窮苦無以爲生，不得已才冒險出外謀求生計，抱持著到台灣移墾打工賺錢的一種過客心態，春去冬回，歲末換糧提銀回鄉。他們採取這種暫時性的移墾，僅能從事佃農或幫傭，一來可以求溫飽，再來可以存錢回鄉置產。這種類似打工方式的墾耕方式，也許是他們當初來台的初衷。因來台者多爲貧民無經濟能力可以請墾土地，故隻身渡臺之後僅能當傭工從事勞力的墾耕；再則是清政府的禁令－渡臺不准攜家帶眷，致使這些初期的墾民多採取春來歲末返鄉的謀生方式。林正慧在《清代客家人之移墾屏東平原與六堆客庄之演變》提及當時的禁令造成臺地婦女稀少，成家不易，而這批傭佃身分渡台的廣東移民，在當時渡禁稍寬的客觀情形下，多採短暫性的移墾模式，也造成臺灣當時社會的一種特別景觀。

　　那時除了少數如麟洛之徐俊良向阿猴社交涉取得埔地開墾之外，多數人都沒有能力發起大規模的請墾行動，只能向閩籍墾戶或官莊租佃。據王瑛曾《重修鳳山縣治》記載，這些官莊在清治臺之初，即因地廣民稀，在臺文武官者多置田園、糖廍，召佃開墾，踞爲己業，名曰「官莊」。這種「官莊」的解釋，在張伯行《清經世文編選錄》一文中可了解，官莊所召之耕佃以廣東移民爲主，康熙年間的拓墾，客家移民除耕佃於閩籍墾戶外，也有爲官莊之租佃的；後因康熙末年的渡禁日嚴，兩岸往來日趨不便，致使客家移民普遍定居下來。

　　以社會學而言，個人的想法常會隨著政治、社會、文化、經濟、氣候、地理環境等諸多因素而改變。這種改變不受地域或空間的受限，有時是隨機

---

〔註10〕藍鼎元，《平台紀略》，（南投：台灣省文獻委員會，1997），頁63。

起意，有些是經過深思之後，再詳列計畫進行的。因此，早期來台的墾民，有因政治因素，有因適應了當地的環境氣候，有因習慣此地生活方式和土地建立起某種程度的感情，那麼建立家業與置產，安居樂業是必然的。《平台紀略》中云：辛丑朱一貴作亂，南路客子團結鄉社，奉大清皇帝萬歲牌與賊拒戰，蒙賜義民銀兩，功加職銜。說明了清朝從康熙 22 年（1683 年）征服台灣之後，到朱一貴事件清康熙 60 年（1721 年），這三十幾年當中已有為數不少的客家移民，已經在此定居下來，若以二十五年為一世來算，先期來台先民的家族可能已有二代或三代同堂。在鍾壬壽《六堆客家鄉土誌》述：

> 六堆地區的內埔、竹田、萬巒、麟洛等鄉都是在公元一六九八年前後開莊，之後大家都忙著拓荒及自治自衛。又因人手不足，曾回原鄉招集墾民來臺，後因清政府放寬移民攜眷政策之後，不但青年農民源源而來，女人渡台者亦增加，各庄庄民多能成立家庭。長治鄉一帶，於康熙四十年（1701）由隘寮溪攔水鑿圳引入之後，開墾事業更加順利。〔註11〕

由此可知客家先民來台，多數已在此落地生根，並聚居成莊。對照藍鼎元所說的歲終賣穀還粵，有些許落差，但若與年代及時間點而言，從 1683〜1698 年的十五年之間的變化已可證實，客家移民渡台已不再是出外移墾的謀生方式，而是以開疆闢土方式墾拓屬於自己的土地，作為後代開枝散葉的基礎。

因此，在台灣的移墾社會中，除了追求個人理想渡海而來的移民之外，台灣史上的不同統治政權，也曾因當時環境的需要，以官方力量進行移民，例如：荷領時期、明鄭時期、清代和日治時期等。從諸羅縣誌中看出：

> 台灣田賦，自紅毛至臺，就中土遺民令之耕田輸租，以受種十畝之地名為一甲，分別上中下則徵粟，其陂塘堤圳修築之費，耕牛農具籽種，皆紅夷資給，故名曰：「王田」。及偽鄭攻取其地，向之王田，皆為官田，耕田之人皆為官佃，輸租之法，一如其舊。偽鄭宗黨及文武偽官與士庶之有力者，招佃墾耕，自收其租，而納課於官，名曰「私田」。

上述提及了荷蘭人於十七世紀佔領臺灣時就已經開始實施這種租佃制度，荷治初期，為擴展貿易及稅收，廣召大陸沿海居民來台耕種，提供優厚的條件將土地租給來臺農民，並提供圳、陂的修築及農具、耕牛、穀物種籽等物質

---

〔註11〕鍾壬壽，《六堆客家鄉土誌》（屏東：長青書局，1971），頁82。

費用，稱爲「王田」制度。獎勵漢人移民的田佃制度與大陸農民向田主租用土地從事耕種，無法擁有土地且必須向田主繳租的情形類似。因此很少有人成爲大規模的大租戶，多成爲一般的佃戶，佃農們無法擁有土地權利，只得靠勞力營生。之後到了鄭氏時期，因有「王田」與「私田」之分，才稍有改變。當時鄭氏爲了鞏固政權，入台後的首要措施是解決二萬五千來臺的軍士及其眷屬的糧食問題，積極從事拓墾活動，遣軍屯墾各地，寓農於兵，建立了兵農合一的拓墾社會。〔註12〕另外，還有鄭氏宗室、文武官員、及士庶有力人士招佃開墾，自行收取田租，再納稅給專責官員，稱爲「私田」。這是荷、鄭時期對於「官田」與「私田」的移墾政策。

清代對漢人移民台灣的政策思考卻不一樣，在張素玢《台灣的日本農業移民——以官營移民爲中心》書中說明，清代對漢人移民台灣抱持消極、甚至禁止的態度，直到光緒年間才有政府主導的移民政策。清政府在牡丹社事件以後，開始重視後山的經營與開發，由沈葆楨視察台灣後，奏請開山撫番，並招墾移民開發土地。清政府於光緒元年（1875）設立招墾局，光緒 3 年（1877）釐定《撫番開山善後章程二十一條》派員至內地招民前來開墾，並訂立《拓墾章程二十條》明訂獎勵辦法。日治時期的日本政府卻是規劃移植內地的日本農民到台灣，一是解決日本耕地過小，減輕人口壓力；另一是對殖民地起同化作用，主要目的就是將殖民地的人民生活習慣、語言徹底同化於殖民母國。日本的移民政策，不但將占有領土作爲一種宣示，也設定其他方面如統治台灣、同化作用、勞動供給、日本南進政策等目標。從以上不同統治政權的移民政策及租佃制度，可以了解移民的遷徙與墾耕也會受政治因素影響。

## 一、影響遷徙的因素

遷徙方面的認知有兩種解釋，一是人在遷徙行爲的過程中，是經過理性的思考與選擇；二是對遷徙的目的地有某種程度的了解。由於對客觀環境的認識，加上主觀的感受與判斷，最後才決定是否遷移。〔註13〕遷徙是一種人口的流動方式，人類的生存環境時時刻刻都在改變，有些人爲了生存也爲了

---

〔註12〕林淑惠，《台灣文化采風——黃叔璥及其《台海使槎錄》研究》（台北：台北萬卷樓圖書，2004），頁 158。
〔註13〕廖正宏，《人口遷移》，1985，頁 94～95。

理想或財富，做某些程度上的人口流動；因此，生存、理想、財富就成了遷徙的三大因素。

林秀昭在《北客南遷高雄地區的開發與義民爺信仰之研究》碩論中的論述：北客的二次移民應是屬於人口流動的方式之一，其中的山多田少、土地貧瘠、土地過度集中、人口壓力、腦丁失業、地震、風災及水災的肆虐等七項因素。前四項有著前因後果的連結關係，由於山多田少加上土地貧瘠，生產力不但低，多數土地又多集中於大地主所有，一般小農戶只能贌耕當佃農，不但佃權不穩定，扣除租金後的種植所得不多無法養家活口，生計沒保障因而他遷，這是屬於生存方面的因素。原本在北部從事樟腦開發的腦丁們因樟樹被砍伐殆盡，只好轉向中、南部開採，正好提供當地的腦丁技術勞工。天災的肆虐也常使得原來就貧窮的日子更是雪上加霜，民不聊生。尤其日治時期北部發生了共十二次比較嚴重性的災害，造成居民顛沛流離，死傷無數。昭和 10 年（1935）的大地震，又再次的重創了新竹州，這是台灣客家人聚居最多的地方，嚴重的傷亡人數，使得客家人不得不面臨再次移民的宿命。許多學術的論述裡，人口壓力常常是造成移民生存空間危機的一種引線，日治時期住在桃竹苗地區客家人多屬山區丘陵，可種之地有限，在人口日益增多的情形下，再次面臨與清初時期閩粵移民移墾臺灣的類似情況。

遷徙的第二項因素就是理想，如何能將移出的人口吸引前往，移入地的條件一定要優於遷出地。舉凡社會、經濟、環境、地理、氣候等都是吸引移民前往的動機。移民因理想而有移出的意願，當然也要有優質的理想地可移入，才能構成真正的遷徙意願。鍾文誌在《內埔地區北客移民及文化之探討》文中舉出：造成移民的原因有很多，如原居地與遷徙地的地理環境所影響之外，政府的政策與天災人禍也是造成遷徙的原因之一。列舉了屏東平原北區的隘寮溪的整治及昌基堤防的建設，使清治時期時屢受氾濫成災的屏東平原，免除水患之苦。西部鐵路的開通也是另一項誘因，遷徙過程的交通便利與否，亦影響著選擇住居地的可能性。日本政府據台後，為了遂行其殖民政策，積極建設台灣，並延續清領時期劉銘傳所建設的鐵路。從停建的新竹路段開始到高雄，當時招募了許多桃園、新竹、苗栗的客家人來修築，明治 41 年（1908）完成西部縱貫線的修築。這些修築工人得知高屏地區仍有許多未開發之土地，回桃竹苗招告鄉親來此發展墾耕，便捷的南北交通，因此縮短了移民的遷徙路線。這些都屬於理想遷徙地的多重選項，亦提供了移民

們心目中的理想選擇。

最後一項遷徙的最重要因素「財富」，財富就是經濟實力的代名詞，它不僅可以改變人類的生活品質、居住環境的舒適、更可提升人們在社會階層上的地位差異。〔註14〕在戴寶村《移民台灣：臺灣移民歷史的考察》論及臺灣在十七世紀末年，到十八世紀、十九世紀的前期，還是一個地廣人稀的地方。當時的原住民僅從事漁獵及游耕的生活方式，並無從事水田稻作的技術。因此，有些已經先到台灣來的廣東或福建的移民，就回去跟他們故鄉的人說在臺灣生活非常容易，也就是民間常流傳的一些俗話：「臺灣好賺食」、「做一冬，吃三冬」、「臺灣錢淹腳目」等。這是早期廣東、福建籍的住民還沒有大量移民到臺灣來之前，對於臺灣狀況的理解。臺灣是否真如他們想像中的好，其實未必，若以當時的環境而言，不辛勤從事勞動努力墾種的話，生存都有問題了，哪能存錢積糧呢。作者於〈隘寮溪畔再次移民的北客聚落——以麟洛鄉、長治鄉為例〉一文中描繪北客移民在遷徙他鄉後，深知只有刻苦耐勞、煞猛打拚、省吃儉用的方式，才能存錢置產，並以「買田」為爭相努力的目標，當作「輸人不輸陣」的指標（世俗目光所謂的「面子」問題）。「田產」就是代表財富的一種象徵，這對於遷徙者是非常重要的目標。

## 二、政府的移民政策

政府的移民政策也是另一種遷徙原因的延伸，在張素玢《台灣的日本農業移民——以官營移民為中心》書中指出：日本因近代資本主義發展過程中，造成農業經濟問題難以解決，又因人口增加與物價波動的影響，迫使政府不得不積極尋求對策來解決農民的困境。明治27年（1894）制定「移民保護原則」，頒布日本海外移民政策，分官營與私營移民，並訂為國策。據統計，明治元年（1868）到昭和20年（1945），日本海外移民人數超過一百萬，移民台灣的人數雖然遠不及美國、巴西，但台灣是日本第一個殖民地，移民台灣的性質和意義與其他地區大不同。日本政府規劃移植內地農民到台灣，其流動性最低，不但可以解決日本耕地過小的弊病，減輕人口壓力，對日本統治殖民地亦有同化作用，並扶植日本人的民族勢力。總之，日本的農業移民政策，不僅是表達一種占有領土的宣示，在統治台灣、同化作用、勞動供給、

---

〔註14〕瞿海源、王振寰，《社會學與台灣社會》（台北：巨流圖書，2006），頁126。

日本民族南向發展等方面，有其意義與目標。〔註15〕這是日治時期的官方移民政策，不只是殖民政策的一環，也是舒緩過剩的農民人口，更代表著帝國主義積極經營殖民地的意圖。

日本據台期間，於大正初年（民國初年），由一些商人及大地主和官商勾結所成立的三五公司，強制向農民收購土地之後，於明治 35 年（1908）成立「源成農場」。農場成帶狀分布於二林鎮、竹塘鄉、埤頭鄉等七界內的農地，約二、二〇六公頃。〔註16〕場長愛久澤直哉，先是回日本僱請日本人前來耕作，但因此地氣候與日本差異大，這些招募來的日本人因水土不服又無法適應此地潮熱多溼氣候，在適應不良情況下只好打道回府，這項計畫後來終告失敗。場長愛久擇直哉只好轉向本島北部桃、竹、苗地區招墾客家人來此耕種。愛久澤直哉聘請曾經在苗栗當稅務課長的白石喜代治擔任農場主事，由於白石喜代治了解北部客家人，對於滿佈砂礫的石崗地的開發很有一套，不像美濃當地農民，只有將表土上的石頭撿拾起來當田埂而已，而是在原野的埔地內，先挖掘深坑，將撿拾的石頭丟入坑內之後，再覆以砂土整平。〔註17〕因此這些北客就成爲愛久澤直哉的招墾首選，爲了能招得更多的客家人南來，提出相當優厚條件：

1、分配農具如牛車、犁等農器具給農民。

2、蓋房屋分配給客家人居住。

3、依人口數及農民意願分配或承租農場土地種值甘蔗或分區輪流種植水稻。

4、佃農土地稅金，由日本人依收成三七分配。〔註18〕

蕭盛和的《右堆美濃的形成與發展》也提及有關於三五公司的論述，日本政府來台統治之初，在美濃地區以屯田兵方式來開墾，卻因荖濃溪每年洪水氾濫而失敗。明治 41 年（1908）興建竹仔門電廠，又在獅形頂和大小龜山之間建築堤防，防止荖濃溪水的氾濫。1909 年愛久擇直哉以三五公司負責人的名義向總督府申請設立「南隆農場」，獲准後即強行收購當地土地。收購及申請的山坡地後，使整個農場面積多達 4000 甲以上，由白石喜代治擔任負責

〔註15〕張素玢，《台灣的日本農業移民——以官營移民爲中心》（台北：三民書局，2001），頁 23～25。

〔註16〕魏金絨，《二林區客家族群研究》（彰化：彰化縣儒林社，2003），頁 14。

〔註17〕蕭盛和，《右堆美濃的形成與發展》（台北：文津出版社，2009），頁 37。

〔註18〕謝四海，《源成客家庄史》（彰化：彰化縣香草吟社，2007），頁 42。

人。〔註 19〕有了相同的二林經驗之後，三五公司也以相似的優渥條件招墾，再度到桃、竹、苗地區招募北客來此墾耕。〔註20〕

　　從上述的研究可知，移民除了自發性的也有政策性的移民，各有各的歷史背景與環境的關連。國家的政策實施也是最直接的，若方向正確的話，不但可以建立一套機制，亦可作爲後續政策的指標，使國家的發展更成功。若這項政策失敗的話，可能導致原先的計畫夭折及其他關聯性政策的延宕或改弦易轍。就上述三個政府的移民政策個案中，所實施的政策都是失敗的。

> 賀田組、源成農場、南隆農場、大日本製糖株式會社台灣工場……
> 等私營移民的失敗，並非少數經營不善的例子；由明治三十九年
> （1906）到大正元年（1912），八件施行私營移民的大小企業，無
> 一成功。以上八家私營移民，不管經營的農作爲何，公司組織狀
> 況怎樣，結果都歸失敗，而且日本移民住留時間相當短暫。〔註21〕

因此，日本政府不得不將此私營移民政策，改由國家來直接經營。對政府而言，私營移民雖然挫敗，但是對於農業移民的政策實施是不變的，只是改由國家直接經營，其目的既可達到鞏固台灣的統治，抑可爲日本民族往熱帶地區發展預作準備，調解國內過剩人口彌補國內土地過少弊病，同化上的必要，以及國防上的確立等。〔註 22〕說明國家的既定政策勢在必行之外，這項農業移民亦包含了國家其他多項關聯政策的延續。

　　日本政府的移民政策，不但影響了台灣島內後來的二次移民、三次移民的進行，亦帶動了日治中後期及光復前後風起雲湧的「北客南遷」風潮，更攸關了島內移民選擇移居處的曝光率。因此，台灣各地區的豐富面貌及島內封閉的地理環境，一一攤開來呈現給國內人民分享，讓「遷徙者」有比較多元化的選擇，可以更明確的瞭解即將移居地的需求爲何？

　　本研究將依據上述的文獻資料，並佐以田野調查北客南遷於此地區的需求及前因後果、生活面向、信仰、民俗風情、產業、建築風貌、語言承傳及在地化的現象爲基礎。

---

〔註19〕蕭盛和，《右堆美濃的形成與發展》（台北：文津出版社 2009），頁 16。

〔註20〕謝惠如，〈隘寮溪畔再次移民的北客聚落——以麟洛、長治鄉爲例〉《第六屆客家學術研討會》，2009，頁 140。

〔註21〕張素玢，《台灣的日本農業移民——以官營移民爲中心》（台北：三民書局，2001），頁 43。

〔註22〕同上註，頁 45～47。

# 第六節　章節安排

　　本研究共分為五章，擬以研究動機及目的，區域範圍概況、時間背景與研究對象，作系列性的陳述，再以文獻相互對照來分析探討，讓本研究的信效度具有一定的成果，期能讓「北客再次移民」研究的廣度繼續加強。

　　第二章「雲林地區的概況」欲探討的是國人眼中雲林地區在台灣發展史的過程。雖然位處於台灣地圖的中心處，但給予國人的印象卻是落後的、窮困的，生活水平及文教方面都屬於弱勢區。在歷史的演變過程中，有些台灣的客家人的遷徙活動選項裡，為何選擇了這個地區？在日治時期的時空背景中，此地擁有了哪些優勢或是得天獨厚的地理環境因素，值得當時的移民決定選擇在這裡落腳生根，反而不考量其他地區？故本章節將透過文獻資料、地理環境、氣候土壤、歷史因素等連結，藉以瞭解移民過程與當地的地緣關係。

　　第三章探討的是「北客移民的拓墾與發展」，在遷徙的過程中，移民們當初選擇了林內鄉及莿桐鄉墾耕，屬於隔鄰的這兩鄉鎮相距不到八公里，氣候與地理環境都相似的情況下，為何他們墾殖的方式及農業生產種類卻不一樣。本章節將從他們的原居地的地理環境、生活方式，做橫面的剖析探討，藉以釐清北客們的原居地與來此聚居的地緣屬性，是否影響著他們所從事產業的不同。

　　另在墾耕區的水利興建方面，這裡的水利建設，豐富了農業的生產，滋養了濁水溪流域的嘉南平原，亦帶給了這兩區北客移民的不同生活樣貌。不論是遷徙的流動或是產業方式的差異，在訪談資料裡將確切的原因做出客觀的論述。

　　第四章「在地化的生活──語言、信仰及轉變」，內容將以口述訪談的紀錄，作為文本的另一項真實的呈現。由於這裡屬於偏鄉僻壤，無法引起政府公部門的重視，因此找不到文獻資料，亦無完整的鄉誌出版可作為理論依據，僅能從一些鄉土教材或文化相關活動，還有訪談居民的個別敘述裏，從片段的記憶當中去搜索，再將零碎的記憶，利用文字串連起來。北客南遷於此，形成聚落的原因為何？是血緣的脈絡關係？還是親友的點狀網絡形成？聚居及散居的分布情況是否隨著「水」緣而居？在這兩鄉中的田調過程中，的確發現了不少連結關係。

　　林內鄉的林北村，出現了不一樣的「菸草」產業，幾處菸樓矗立於產業道路旁，這與隔鄉莿桐鄉六合村的蔬菜生產及稻米和雜作等，有著截然不同的農村景象。同樣來自於桃竹苗地區，同樣落腳於濁水溪旁，怎麼看就是有落差。究竟是哪種因素使然，是地理氣候因素？還是地質土壤的差異所造成？不一樣的產業活動，是否影響當地移民的生活水平與經濟好壞的差別。從兩村聚落呈現的民居建築形制來看，的確顯現出一些差異；另外大家族的伙房建築及小家庭的民居，也有若干與當地閩人的住屋類似。

　　信仰方面，他們並無所謂的「義民信仰」，就歷史背景而言，義民信仰屬於新竹地區的聯庄祭祀延伸而來。筆者在訪談過程中，來自新竹、苗栗的墾民約各佔 40%，桃園約 15%，其他地方約 5%。因此無法成立所謂的「信仰祭祀圈」。而北客們的祭祀與信仰，是否也入境隨俗，與當地的民間信仰結合成為在地化，這些都是要探討的。

　　語言的流失，將是客家文化轉變的一大危機，沒有語言形同文化僅剩軀殼而已。語言承載著許多過去的歷史文化軌跡，若失去了語言，客家文化也將一點一滴的流逝。在本研究的區域範圍內，已呈現語言大量流失之感，雖然多數受訪者仍會說客語，但言談中卻參雜許多閩南話，甚且閩客語並用，講閩南話的口音，讓人感覺不出來「你是客家人」。

　　本章節試圖從過去與現在，利用剝洋蔥方式，做層面上的解讀，在時間及地理環境上，是否有著某種程度的模式可循。並審視閩客族群在性格上的差異，原鄉的傳統文化、風俗習慣、語言等，是否影響與在地人的互動等一一來解讀。

## 第七節　研究限制

　　本研究僅以莿桐鄉六合村，林內鄉林北村、林中村、烏塗村等四村為研究重點，其他村落仍有些許散戶無法一一詳察。由於研究者本身資源有限又住在屏東，經常往返雲林地區做訪查，各個鄉鎮亦無鄉史可做輔佐資料，必須從基礎的田調做起，不但費時費力也費神。再就是人口遷移方面的查閱，由於內政部嚴格控管「個資保護法」，查閱戶籍資料不易，因此無法將日治時期的戶籍資料與現代的做連結，以便了解日治時期移民此地的家族及後代的繁衍人口數，可做更詳盡的數據資料。還有各鄉戶政機關的所能提供的查閱

方式不一，能提供本研究的資源無法做完整的平行資料。再者村長大多是當地閩人，年齡約爲五、六十歲左右，對於早期北客南遷情況了解甚少，因此無法提供北客後代在此發展的資訊。

# 第二章　雲林地區的概況

## 第一節　地名沿革

　　早期的台灣並無「雲林」這個地理名詞，亦無實際的地理範圍存在，都是依附在政府所轄管的大範圍區域內。根據《台灣地名沿革》，「雲林」地名的出現是：

> 「雲林」地名，先指林杞埔（今竹山鎮內）後來指斗六街。光緒12年（1886）新設雲林縣，縣治卜地於林杞埔土名雲林坪處。按竹山地方東界羣山，黎明凌晨，山峰林立中每見谷中雲海，縣治一帶地形為河階地形，以平坦面為特色，臺語稱此類地形為「坪」，雲林地名沿源於此。雲林縣城的興築，開始於光緒13年，由知縣陳世烈倡地方士紳捐修，築土垣環植竹三重，周圍一千三百丈，高六尺。並在城外建旌義亭，亭內勒石題謂「前山第一城」。至此「雲林」地名遂暫代「林杞埔」。然因城南北有濁水、清水二溪橫隔，每夏氾濫，致對外交通梗阻。乃於光緒19年（1893）知縣李烇時，遷縣治於其西南方斗六街，築土牆為城垣，其高八尺，厚五尺，周圍一千六百丈，環植竹於四周，外鑿濠溝，開四門，移用「雲林城」於此，抵此斗六乃改稱「雲林」。〔註1〕

　　歷史上所謂的雲林係指二市街，一是指「林杞埔街」（今日之竹山鎮），另一個則是指「斗六街」（今日之斗六市）。清光緒12年新設雲林縣，翌年又

---

〔註 1〕洪敏麟，《台灣地名沿革》（臺中：臺灣省政府新聞處，1979），頁43。

擇定俗稱「雲林坪」的「林杞埔」爲縣城所在地；當時的知縣陳世烈則鼓勵
該處地方居民籌募義捐，積極修築土垣，並廣爲種植莿竹，終於築成周圍約
一千三百丈高達六尺之城；城樓建成之後，再於城外建一旌義亭用以表揚當
地仕紳居民之義行，亭內立有石標：「前山第一城」，因位於雲林坪之上，故
稱之爲「雲林城」，而「雲林」乃成爲「林杞埔」的代名詞。然而美中不足者
爲：此地每年夏季橫亘縣城南北的濁水溪與清水溪二者時常氾濫成災，使得
該地每有交通斷絕之虞，故清光緒 19 年知縣李烇乃將縣城遷移至較南方的斗
六，並且於斗六修築周圍約一千六百丈，高約五尺，厚達八尺之城牆，並設
置東南西北四門，城外更挖掘了深七尺、寬八尺的護城河重重防衛；但仍沿
用舊時名稱「雲林城」，自此之後，「雲林」便成爲「斗六」的代名詞。這是
「雲林」地名的開始。此書續文：

> 漢人之入墾斗六地方，開始於乾隆初葉，有泉人楊仲熹者來此建街，
> 乾隆 29 年續修臺灣府志，已載有斗六門街，至光緒年間，各志書悉
> 作「斗六街」。斗六門因地當北路要衝，康熙 33 年，高拱乾修臺灣
> 府志，阨塞項云：「竊計臺灣之形勢，於海有澎湖、鹿耳門之要險，
> 於山有傀儡，斗六門之塹絕。」清季設縣丞治理並置斗六門都司以
> 防守，可知其發展與軍事設施有密切關係。光緒 19 年（1893），因
> 移雲林縣城於此，故以「雲林」之稱呼代替原斗六。日治初期光緒
> 21 年（1895）八月，設臺灣民政支部雲林出張所；光緒 22 年設臺
> 中縣雲林支廳於斗六街。

以上可知，直到光緒 22 年（1895）「雲林」才設立眞正的行政建置。但據連
橫《臺灣通史》〈疆域篇〉另有一說：雲林設縣，始於建省之時，則爲撫墾之
計。先是光緒 13 年，劃嘉義以北之地，經營新邑，擇治於林杞埔之雲林坪，
爲鄭氏部將林圮所闢者，故曰雲林。而治當濁水清水兩溪之域，每逢汎濫，
不得往來。19 年，乃從知縣李烇之議，移於斗六門。

　　雲林地名的由來除了上述兩種說法之外，在《雲林縣發展史》〈史略與
沿革〉內容中卻認爲，連氏的《臺灣通史》只有說出與「林」字起源相關的
命名「雲林坪」，僅僅是爲了表揚鄭氏的部將－林圮而已。而日本地名學者
安倍明義的說法卻是，「雲林坪，是因此地東界一帶，山峰毗連，入夜雲霧
深濃，狀呈閉鎖森林之勢，故名。」因東界地方一帶概爲連綿不斷之山峰，

入夜後之樹林每有濃密之雲霧深鎖繚繞，故取名爲「雲林」。除此，也引用前雲林縣文獻會顧問吳景箕的解讀：「雲林者，實即竹山（當時之林圯埔）眼前實景，引自白居易的詩『亂藤遮石壁，絕澗護雲林』而命名的。」綜合以上三種說法，就縣名的最初起源，不僅在寫人寫景，更是敘述事物狀，溯及清朝建治立縣以來的「雲林」一詞，可以說是兼具人文、地理暨歷史內涵之美名。〔註2〕光緒 19 年（1893）因清水、濁水二溪常氾濫，交通阻絕，才將縣治遷到現在的斗六，另造縣城，稱爲「雲林縣池」，縣名依舊。日治初期，仍然沿用「雲林」之名，於明治 13 年（1897）實施六縣三廳以後，才將此名廢除。日治時期雖經九次行政區域調整，均未恢復舊名，直到民國 39 年，全省行政區域調整爲五市、十六縣、一管理局時，才恢復雲林縣舊名。

# 第二節　雲林縣的風貌

## 一、地理位置

雲林縣位居台灣中部，北起濁水溪河口，南至北港溪河口，是本島西部海岸中，也是南部各縣市最北縣份。北隔濁水溪與彰化縣相望，南與嘉義縣爲界，西臨台灣海峽，東與南投爲界。全縣總面積有 1,290.8326 平方公里。屬於嘉南平原北端，區域內大多是平坦的地形，僅東部地區有一小部分的丘陵地。雲林縣地理形勢，係東高西低。

東部山地丘陵起伏，中間地帶爲河谷地帶與河川沖積扇平原，西部則爲平直的海岸平原。東端的古坑鄉轄境內草嶺之東地勢最高海拔 1770 公尺，由此向西傾斜至本鄉外湖、樟湖一帶，僅達海拔 1000 公尺左右；再往西側進入林內鄉、斗六市東端極小部分之丘陵地（斗六丘陵），平均海拔 200-300公尺之間越過斗六丘陵後，再向西側爲沖積扇平原（濁水溪沖積扇平原），並延伸至海岸地區與海岸平原連成一片。若就全縣轄域觀之，地形輪廓爲東西狹長，呈現不規則的長方形，全境平原地形佔 87%以上。〔註3〕

〔註2〕鄭梓，《雲林縣發展史：史略與沿革》（雲林：雲林縣政府，1997），頁 1～30。

〔註3〕莊義芳，《雲林縣發展史：疆域地理》（雲林：雲林縣政府，1997），頁50。

## 圖 2-1 雲林縣地圖

（圖片來源：雲林縣政府網站）

## 二、氣候與地質土壤

　　雲林地區屬於副熱帶季風氣候，年平均氣溫約 22～23℃，氣候特色爲夏季多雨，冬季乾旱，年溫差較小，平均在 12℃～13℃，最冷月月均溫在 16℃~17℃，固本區冬季裡農作栽培面積仍廣，雖有霜害與風害但影響不大。因此本區在冬季裡仍適合栽種農作物，使得此區在嘉南平原中的農作栽培面積一支獨秀，而有聞名全台的「西螺果菜批發市場」，銷售全省各地。〔註4〕

　　依地質構造可分，有中新世至更新世岩層、台地礫石層及沖積層。但台灣地質分區是屬於西部山麓帶地質區，主要是第三紀碎屑岩層組成。由於地質發育年代不同，而有不同之地質岩性及地層。現代的沖積層主要由黏土、粉砂、砂和礫石組成，廣泛覆蓋於平原及盆地區城內。沖積層造成許多河川的氾濫平原以及現代台地，也包括海岸砂丘。雲林縣地質大多數屬此種沖積層，廣佈於平原地形中。土壤的組成關係著農業環境，亦影響經濟作物的生產量。

　　土壤分佈也依地形區分爲山城丘陵地區和平原沖積地區兩部份。山城丘

---

〔註 4〕莊義芳，《雲林縣發展史：疆域地理》（雲林：雲林縣政府，1997），頁 119。

陵地區多爲紅棕色紅壤、黃紅色紅壤分佈，台地邊緣及坡下，則爲黃紅色黃壤，與黃棕色黃壤分佈地，丘陵地形以黃壤及崩積土分佈較多。而山間谷地及河道兩岸多沖積土分佈。依土壤性質又可分紅壤、黃壤、崩積土、石質土、沖積土等五項種類。而本研究區域範圍就屬於林內鄉及莿桐鄉，就以兩鄉各種土壤來做分析比較，以瞭解北客再次移民後，農耕種植作物的異同：〔註5〕

## （一）山城丘陵地區

### 1、紅　壤

紅壤爲洪積台地土壤分佈地，爲洪積時代之老沖積物，經長年風化而成。又可分爲紅棕色紅壤、黃紅色紅壤兩種：（1）紅棕色紅壤：分佈於林內鄉、斗六市山地丘陵地與台地地形，以斗六市最多，林內鄉次之。田調時，在林內鄉林北村的菸田、草莓園就能看到許多這種土壤。（2）黃紅色紅壤：分佈於林內鄉、斗六市山地丘陵地與台地地形，以斗六市最多，林內鄉次之。田調時，在林內鄉林北村的稻田、茶園、花圃也有部份這種土壤。

### 2、黃　壤

這類土壤爲發育良好之安定土壤生成，主要分佈於淺低山較緩之丘陵地，因其顏色不同又可分爲黃紅色黃壤、黃棕色黃壤兩種；黃紅色黃壤主要分佈於台地邊坡，或丘陵地邊坡較安定之地。以古坑鄉、林內鄉爲主，而以古坑鄉爲多。國道三號福爾摩沙高速公路，古坑休息站周邊就是這種土壤。沿著矮山丘陵往北走，從古坑鄉至林內鄉大部分以黃壤、紅壤間隔分佈。

### 3、崩積土

屬於較陡峻之地形，其土壤由發育較久之土壤物質，與發育時間較短者混合，因土壤物質不同發生土壤移位現象而得名。可分爲灰黃色崩積土、暗色崩積土兩種；灰黃色崩積土主要由砂岩、頁岩、泥岩等風化物崩積化育而成，因稍有發育成黃至黃灰色，剖面內多石礫。主要分佈於淺低山丘陵，或高山陡坡地之下坡處。以斗六市、古坑鄉、林內鄉爲主。

### 4、石質土

由發育未成土壤、殘積物、碎片及細粒所組成，因其含石較多，及土壤風化後因沖蝕或耕作而失去表土，殘留部份母質與風化母岩而得名。分佈以較陡峻之地形或高山地帶爲主，分佈於斗六市、古坑鄉、林內鄉爲主。莿桐

---

〔註5〕莊義芳，《雲林縣發展史：疆域地理》（雲林：雲林縣政府，1997），頁65～66。

鄉六合村五十多年前都是這種土壤，田調時七十歲的謝長森先生說：

> 剛來香蕉腳（莿桐鄉六合村）每天撿石頭，撿到低窪處填，或是築
> 堤當田埂。民國 53 年，耕耘機剛在台灣推行，用耕耘機耕田，兩隻
> 小腿要用香蕉莖擘開來包裹著，否則機器捲起的小石子，會把小腿
> 骨打的痛徹心脾。這邊都是石質土。

從上述可知當地北客移民對於此地的地質了解不多，因此在墾耕上必須花費
較多的時間。

### 5、沖積土

由河流泥砂沈積而成，多分佈於山間谷地，河道兩旁或低地。又因母質
來源、形成年代、層次不同，造成土質差異大，多用作高經濟作物耕地。由
於林內鄉在雲林縣的東北角，位於山地與平地的接壤處，且位於濁水溪南岸，
不但屬於山城丘陵地區，而且地質呈現出上述五種類別，這在其他縣市地區
是少有的，因此出現了多元產業的實景。

**圖 2-2　將田裡的石頭撿起來當溝堤或田埂**

上述五種土壤類型，豐富了林內鄉的地理環境，除了面山之外又臨濁水溪岸。早年濁水溪尚未建造堤防時，因漫流的溪水沉積土帶來不一樣土壤環境，更吸引了不少南來墾耕的北客。

### （二）平原沖積地區

可分為兩區：一為平原區，海拔 100 公尺以下為沖積土，土質肥沃，分
佈於斗南鎮、大埤鄉、莿桐鄉、西螺鎮、二崙鄉、等地，屬近代沖積土，呈
微酸至微鹼性，適於農耕。原居苗栗三湖現住六合村的田源錦先生說：

> 剛開墾到的砂石地，沒辦法種農作物，作物不會生根，也會被曬死。
> 要堵濁水溪的水來灌溉，水中都帶有許多粉沙泥，會沉澱在砂石地
> 上，一年一年過去，時間久了砂石地上會鋪上一層粉沙泥，適宜種
> 香蕉、菸草。

　　另一爲沿海地區，分佈於麥寮鄉、台西鄉、四湖鄉、口湖鄉、水林鄉、東勢鄉等地，屬鹼性沖積土，若母岩再細分，本平原的沖積土壤又可分下列幾種：〔註6〕

### 1、粘板岩老沖積土

　　其母質爲橄欖灰色粘板山風化之沖積物，以濁水溪沖積物沈積，經相當久之年代而形成。本類土壤排水不完全，剖面質地細。主要分佈於西螺鎮、二崙鄉、崙背鄉、莿桐鄉、麥寮鄉等地。

### 2、粘板岩新沖積土

　　母質以暗灰色粘板岩風化之沖積物爲主，以濁水溪與虎尾溪沖積物沈積而成。本類土壤排水不完全及尚佳者各佔一半，剖面質地粗，以砂土、粗砂土甚至石礫層爲主。土壤呈中鹼性，分佈於濁水溪及其沿岸沖積地。

### 3、台灣粘土

　　質地粘重，乾時堅硬，混時黏稠，不宜種植旱作，適於種植水稻。分佈於大埤鄉、斗南鎮至斗六市一帶。

### 4、砂頁岩新沖積土

　（1）砂頁岩非石灰性新沖積土。

　（2）砂頁岩石灰性新沖積土，本類土壤排水情形不完全或尚佳，剖面質地以極細砂質塊土呈粉質壤土。

　（3）砂頁岩含石灰結核新沖積土。本類土壤排水情形不完全或尚佳，剖面內常含有石灰結核，質地以粉質壤土或粉質粘土爲主。

### 5、砂頁岩老沖積土

　　這類土壤是砂頁岩沖積物沈積經較長久年代而成，排水情形尚佳，剖面質地以極細砂質壤土、壤土、粉質壤土、粉質粘壤土爲主。

　　上述這些平原沖積土多屬於濁水溪流域，常年因爲上游源流沖刷所帶來的沉積土，雖不適於種植旱作，卻適宜種植米穀蔬菜類的短期農作，因此凡是屬於濁水溪流域或支流所流經的鄉鎮地區，其種植的稻米都有「濁水米」之稱。還有聞名全省的蔬菜集散區都在這些臨溪的莿桐鄉、林內鄉與西螺鎮、二崙鄉等地區。

---

〔註6〕莊義芳，《雲林縣發展史：疆域地理》（雲林：雲林縣政府，1997），頁67～68。

## 第三節　水文地理

### 一、濁水溪流域

#### （一）濁水溪簡介

　　濁水溪是台灣最大最長的河流，全長有 186 公里，流域面積廣達 4316 平方公里，居全省首位，為本省主要河川中最重要之河川。濁水溪起源於合歡山，最上游為霧社溪，集合歡山西坡之水後，沿著縱谷流至廬山附近會合塔羅灣溪，流至萬大附近再匯入萬大溪，隨後又匯集丹大、郡大兩溪之水，之後又陸續匯合陳有蘭溪及清水二溪，於林內鄉流入平原，形成了台灣西部廣大的沖積扇平原。濁水溪沖積扇的範圍廣及彰化縣、雲林縣，為台灣面積最大的沖積扇。位在彰化部份的濁水溪扇洲，北以鹿港溪為界，南以濁水溪為界，西至台灣海峽，東至八卦山脈，涵蓋了整個彰化平原，面積約佔三分之二；南岸包括雲林縣之西北部，面積約佔三分之一。〔註7〕由於這個扇形地區平原面十分平坦，因此面積廣達 1,339 平方公里，而且平原區域分布許多屬於濁水溪水系的大小河川，除一般的排水溝及灌溉溝渠外，從北到南共有鹿港溪、舊濁水溪、二林溪、魚寮溪等支流。〔註8〕雲林縣亦有五條主要支流，東螺溪、西螺溪、新虎尾溪、舊虎尾溪、虎尾溪等。除東螺溪之外，其他都在本縣境內。早期的濁水溪流經中游後，由北邊的八卦台地和南邊的觸口台地中間穿過，在這地方分為三條圳為虎尾、西螺、東螺，也形成一個三角洲－濁水溪平原；再向西折流，流到溪洲崁頭

**圖 2-3　濁水溪位置圖**

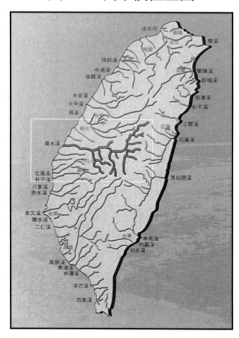

---

〔註7〕陳正祥，《台灣地誌——中冊》（台北：南天書局，1993），頁831。

〔註8〕張素玢，《歷史視野中的地方發展與變遷：濁水溪畔的二水、北斗、二林》（台北：台灣學生書局，2004），頁49。

厝，在此西螺溪與三條圳會合，續向西流到台灣海峽。

## （二）烏亮的濁水

「濁水溪」之名，是因上游發源地區屬於極易風化的板岩、黏板岩地質區，河中含有大量的懸移物質，加上溪水坡陡流急，沿岸土質崩落，挾帶大量泥沙，造成長年渾濁之緣故。對於濁水溪泥沙的流量，近代經濟部水利署發行在《我們的濁水溪》書裡記載：濁水溪為多泥砂河川，由於集水區地質脆弱，使得溪水由上游挾

**圖 2-4　濁水溪的沖積扇範圍**

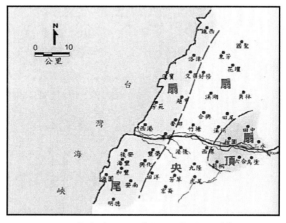

以上圖片來源：《我們的濁水溪》

帶大量的泥沙往中下游流動。濁水溪水資源豐富，年平均流量約 60 億立方公尺，年平均總輸砂量為 6,500 萬公噸，為世界有名之多泥沙河川。不但說明了濁水溪的流量之大，更確立了名符其實的「濁水溪」之名。筆者的娘家在彰化二林，灌溉農田的圳溝水也是濁水溪的北岸支流，因此長期都可看到夾帶泥沙的圳水。濁水溪南岸的濁水支流亦同，當濁水流經小圳溝後的沙泥痕跡，總是顯得非常特殊烏黑光亮，猶如在土地上漆上一層油亮的畫布般，令人驚艷。從下圖【圖 2-5、2-6】可以看出深黑的沉積沙泥與兩旁的石頭對映，以及報導人身上穿著白上衣的對比寫照。

**圖 2-5　小圳溝烏亮的沉積沙泥**　**圖 2-6　謝長森先生引圳水到自家田裡**

### （三）濁水溪的河道變遷史

濁水溪流經彰化、雲林、嘉義、南投四縣，爲彰化、雲林兩縣界河。本流原指沖積扇上西北分流之東螺溪，早期的濁水溪經二水橋後，由於地勢減緩、河幅開展，河道堆積旺盛，河床逐漸淤高，一遇洪水自然四處流竄往低處流，流路經常改變，而且到處成災。從濁水溪下游沖積平原歷年河道變遷圖（圖 2-7）可以看出早期濁水溪從 1904 年至 1979 年的七十五年間變動。〔註9〕由圖中大抵可以了解濁水溪每遇河道變遷時，事實上就意味著大洪水的發生，亦可看出水患的頻繁，使流域區內的住民難逃水患肆虐，或被迫遷移。其中以民國前 32 年（1880）7 月的洪水災害最爲嚴重。直到民國元年（1912）日本人成立「濁水溪治水工事事務所」，分三個時期進行，第一期（民國 5 年以前）以應急搶修爲主；第二期（民國 6~15 年）以堵截舊濁水溪、虎尾溪（北港溪）、新虎尾溪三分流及在西螺溪兩岸繼續增設堤防及護岸，以束範河水導流入海，而漸成今日之濁水溪；第三期（民國 16~34 年）按計畫繼續興建兩岸堤防、橫堤、導流堤及丁壩等等防洪設施。〔註10〕進行河水治理後，將各分流封堵，集中導流於西螺溪，各分流因此各自成小水系，或變爲平原排水溝，且泥砂輸出量銳減。

從清代以來的記載得知，濁水溪沖積扇上的主流河道，一直沒有固定在那一條分流。舊濁水溪在 1904 年出版的台灣堡圖尚稱爲濁水溪，由二水流向西北，於鹿港和芳苑鄉漢寶之間出海，與西螺溪同爲當時濁水溪下游的主流，至 1926 年扇端附近的網流，因主流導向西螺溪，水量變小，河中沙丘堆積，下游分流發生變化，北分流流路未變，但又分成數條分流，成爲麥嶼厝溪，南支流仍稱爲濁水溪。〔註11〕審視濁水溪自清康熙年間至西元 1926 年，這約一百六十年間的河道變遷，使得這條長河在歷史的記載裡，常隨著河道的改變而有著不一樣的名稱。據《雲林縣發展史：疆域地理——水文》述：濁水溪本流原指沖積扇西北分流之東螺溪，以及向西分流之西螺溪，但因前者溪水多作灌溉，流量甚少，故一般多是指「西螺溪」而言。因日治時期到光復後興建堤防，將濁水溪束水成固定的河道所做的詮釋。

---

〔註 9〕 經濟部水利署，《我們的濁水溪》（台中：經濟部水利署，2002），頁 37～38。
〔註10〕 同上註，頁 38～39。
〔註11〕 張素玢，《歷史視野中的地方發展與變遷：濁水溪畔的二水、北斗、二林》（台北：台灣學生書局，2004），頁 51～52。

### 圖 2-7　濁水溪從 1904 年～1979 年流變遷圖

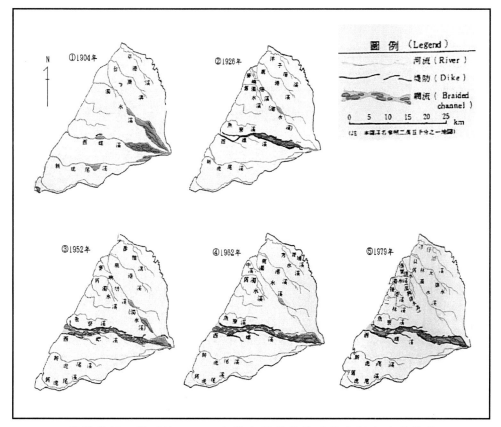

資料來源：張瑞津，1985，濁水溪平原的地勢分析與地形變遷

## 二、不同年代的濁水溪名

　　早年的「舊濁水溪」又稱「東螺溪」或「麥嶼厝溪」。因濁水溪除了在 1904 年稱為「東螺溪」之外，1926 年與 1952 年均為稱「麥嶼厝溪」，1979 年稱為「舊濁水溪」。文獻上對於舊濁水溪（麥嶼厝溪、東螺溪）、虎尾溪、西螺溪的變遷，每個時期都有許多不同看法，溪名分歧，差異很大。從盧太福〈濁水溪河道變遷的研究〉中將文獻資料中對於濁水溪下游的名稱及河道變遷示意圖有較明確的詳列舉證：〔註12〕

### （一）林朝棨（1947）

1. 虎尾溪－乾隆末年

---

〔註12〕謝四海，《彰化縣二林地方文史專輯》（彰化：二林社區大學，2003），頁 87。

2. 西螺溪－時間未詳

3. 麥嶼厝溪－光緒 24 年（1898）

### （二）陳正祥（1949）

1. 東螺溪－康熙 36 年（1697）

2. 虎尾溪－乾隆末年

3. 西螺溪－時間未詳

4. 東螺溪－光緒 24 年（1898）

### （三）大矢雅彥（1964 年）

1. 虎尾溪－乾隆 58 年（1793）

2. 麥嶼厝溪－光緒 24 年（1898）

3. 西螺溪－民國前 1 年（1911）

### （四）水利局

1. 舊濁水溪（東螺溪）－康熙 36 年（1697）

2. 虎尾溪－乾隆 60 年（1795）

3. 西螺溪－光緒 24 年（1898）

早期濁水溪的溪名有多種不同說法，常造成一些質疑，因此就《北斗鎮誌》的河川篇中，蒐錄了清道光 10 年（1830）陳國瑛的《臺灣采訪冊》，及清光緒 20 年（1894）倪贊元編輯的《雲林采訪冊》等書，內有關濁水溪、東螺溪、西螺溪、虎尾溪等河川的記載，但也一直沒有看到將舊濁水溪或北斗溪改爲東螺溪的說法。直到台灣光復以後，民國 36 年林朝棨《台灣地形》才有麥嶼厝溪的說法：

> 大沖積扇面上之放射狀河系中之主要者，大致有五條：麥嶼溪、西螺溪、新虎尾溪、舊虎尾溪、虎尾溪。有紀錄以來之一七〇年間，亦有頻繁之變遷。乾隆末年以虎尾溪爲幹流，此後改以西螺溪爲幹流。光緒 24 年之大洪水時，改麥嶼厝溪（即東螺溪）爲幹流。
> 〔註13〕

陳正祥《台灣地誌》記載：

> 流於此一沖積扇上之溪床變遷無常，主支難分：260 年前郁永和所渡涉的濁水溪，似以東螺溪爲主流。乾隆末年曾以虎尾溪爲主流，

---

〔註13〕見《北斗鎮志》（彰化：北斗鎮公所，1997），頁 82。

後又以西螺溪爲主流。而 1898 年的大洪水，主流復改回東螺溪。乾
隆末年之洪水，虎尾溪曾分出一支流，流於虎尾與西螺二溪之間，
經海風堡麥寮街之南朝西入海。

雍正元年（1723）從諸羅縣中劃設彰化縣時，即以虎尾溪爲彰化縣
南界，足見該溪當時必爲主流之一。在彰化縣志山川全圖當中，虎
尾溪與東螺溪及西螺溪都是畫得一樣粗細。〔註14〕

據清康熙 39 年（1700），郁永和《裨海遊記》的內容，亦認爲虎尾溪與
東螺溪是濁水溪下游的兩條大河川。至於西螺溪，則是當時虎尾溪在西螺社
境內的支流。虎尾溪因爲流經虎尾庄而得名，東螺溪因從斗六門與虎尾溪分
流之後，流經東螺堡，取名爲東螺溪。後來又往西流經西螺堡，所以叫做西
螺溪。而濁水溪除了流經濁水之外，也因爲水質渾濁而得名。至於舊濁水溪，
在北斗區地段被稱爲北斗溪，出海口是福興鄉的麥嶼厝庄，所以也叫做麥嶼
厝溪，又因爲曾經是濁水溪的主流，濁水溪改道之後，又叫做舊濁水溪。濁
水溪在康熙三十六年間叫做東螺溪，清道光年間叫做濁水溪，日治時期叫做
西螺溪，台灣光復以後是濁水溪、西螺溪並稱；因爲它兼顧地理位置而有不
同名稱。

### 圖 2-8 現代的濁水溪南岸護堤

---

〔註14〕陳正祥，《台灣地誌——中冊》（台北：南天書局，1993），頁 832～833。

　　從歷年來的各種文獻、文集或遊記的記載中，了解濁水溪名的演變，並且發現河川的命名大都是因地制宜，隨地名不同而命名的。〔註15〕濁水溪的名稱多樣，或許與其主流變動更迭有關。在日治時代以前，平原地區的濁水溪並未建築堤防，由南而北，大致可分東螺溪、西螺溪與虎尾溪，且河道經常因颱風豪雨而改道，所以後來又有新虎尾溪、舊虎尾溪之分。新虎尾溪是在乾隆年間的一次大洪水所形成，其出海口爲今日的的麥寮鄉海口的位置。河道的分歧，使得主流不定，這是早期濁水溪進入平原的特色。康熙年間東螺溪是主流，到了雍正年間，虎尾溪是主流；嘉慶年間又改以西螺溪爲主流；民國13年大洪水，主流又改回到東螺溪；日治時期開始有了治理水患計畫，在平原興築堤防之後，將溪水導向西螺溪，因而使得西螺溪爲主流至今。雲林縣境界和境內的河流包括濁水溪、新舊虎尾溪、清水溪、石龜溪、北港溪等。據記載雲林地區早在康熙元年（1622年），就有中國大陸移民顏思齊及鄭芝龍等人登陸開墾，而開墾首重水利設施及埤圳的開發；因此，康熙53年周鍾瑄調任諸羅縣知縣時，爲振興農業，開始興修水利，捐俸助民修築灌溉渠道。〔註16〕

## 三、嘉南大圳

　　嘉南大圳，原稱官佃溪埤圳，爲日治時期最重要水利工程之一，由總督府工程師八田與一設計，工程包括當時東南亞第一大的烏山頭水庫。嘉南大圳建於1920年（大正9年），費時十年在1930年完工。嘉南大圳的灌溉區域涵蓋雲林、嘉義、台南三縣，是當時東南亞最大的水利系統。嘉南大圳並非僅是一條大圳而已，實際上它是結合了水圳、引水、蓄水庫、發電廠等四項功能的合體水利工程建設。總長度一萬六千公里，灌溉面積約十五萬甲，分成三大區域輸送灌溉用水。第一區是利用濁水溪水的給水區域，經由濁幹線給水水路，以灌溉北港溪以北，濁水溪以南五萬兩千甲農地，另一給水區域是利用北幹線給水水路，灌溉北港溪以南，官田溪以北的五萬六千甲土地。南幹線給水水路，是官田溪以南的四萬兩千甲土地。在嘉南大圳的灌溉系統之中，根據陳正祥《台灣地誌──中冊》記載濁水溪比較重要的取水口，計

〔註15〕魏金絨，〈尋源探流談就濁水溪正名〉，收錄於謝四海主編《彰化縣二林地方文史專輯第一輯》（彰化：二林社區大學，2003），頁93〜100。

〔註16〕周鍾瑄，《諸羅縣志》（台北：台灣銀行，1958），頁45。

有下列三處：〔註17〕

（一）林內第一取水口在雲林縣林內鄉林內濁水溪第三號護堤，縱貫鐵路大橋下游約 550 公尺處，爲鋼骨水泥建築之上捲式水門，分上下二層，計劃流量爲 50 秒立方公尺。

（二）林內第二取水口在林內第一取水口下游 1,364 公尺，爲鋼骨水泥建築之上捲式水門，分上中下三層，計劃流量爲 56 秒立方公尺。

（三）中圍子取水口在雲林縣莿桐鄉新庄子濁水溪六號護堤，爲鋼骨水泥建築之上捲式水門，分上中下三層，計劃流量約爲 70 秒立方公尺。

嘉南大圳是北水南引的重要渠道，濁水溪的水富饒了嘉南平原，三處進水口，其中一號、二號水門位在林北村，三號水門位在烏塗村，第一進水口靠東，位於林內鄉林內濁水溪之第三號護岸，第二號進水口（俗稱三號）。林內分水工爲目前本水最具規模之多目標分水工，在水利工程上極具有廣泛教育示範及教學觀摩功用。雲林縣農田水利會在林內鄉三號水門東側，興建國內首座「水利文物陳列館」。將台灣農田水利三百年的開發史的水利文物陳列，展示水利演進的不同面貌，讓民眾緬懷水利工程的過去與現在。

## 圖 2-9　濁水溪林內第二取水口攔水閘

〔註17〕陳正祥，《台灣地誌：中冊》（台北：南天書局，1993），頁 844～845。

圖 2-10　取水口的泥砂會合井

圖 2-11　泥砂分槽沉澱池

圖 2-12　林內分水工水利史蹟館

## 四、鹿場課圳

據麻園親水公園興建沿革記記載，鹿場課圳興建於清朝嘉慶元年（1796年）。但倪贊元的《雲林采訪冊》則記為乾隆年間（約1750年），由西螺街三塊厝王有成先生外，數位富戶集資合夥創設，定名五百甲圳。二種不同年代的說法，究竟哪個正確，有待考證。日治時期，明治45年（1910）將「鹿場陂」，改組為公共埤圳，圳名改稱為「鹿場課圳」迄今。根據『行政院農委會水利署』的沿革資料：鹿場課圳主要水源取自濁水溪，在濁水溪觸口附近以石筍插入本流為截水堰，導流至現在之濁幹線第三取入口攔入幹線，明治36年（1903）配合水溪護岸工程而設中圍子水門，大正9年（1920）嘉南大圳濁幹線興建時將進水口合併使用，改由濁幹線現有三處進水口引水。

雲林農田水利會將清水溪及濁水溪水源作為縣內的灌溉水源，由二號水門自溪床攔水入各進水口後，經由南岸聯絡渠道導水路流入芎蕉工作站再調節為濁幹線系及鹿場課圳系（濁幹線第一放水路），灌溉區域包括莿桐鄉及西螺鎮，受益面積2800公頃，溪水含沙及有機物等，肥沃無比，灌溉水稻，米質特優，口碑遠播，名冠全省。目前住在莿桐鄉六合村一帶的北客，他們所使用的農業灌溉用水，就是靠這條濁幹線的引流水路為主。

由於鹿場課圳開發較早，故灌溉制度及耕作方式仍維持兩期作田，由於濁水溪改道的問題，鹿場課圳的取水口也履次變動，簡易攔水壩常被沖毀，民國84年（1995）完全斷水，改伴入南岸聯絡渠道，設引西圳專用水道。〔註18〕鹿場課圳開發至今已有二百多年，現已全線改建為鋼筋水泥造矩形圳渠，〔註19〕水利會同時將鹿場課圳灌溉流域綠美化成公園，成為村民每天晨昏散步休閒的地方。

## 五、籠仔篙

林內鄉的林北村、林中村、及烏塗村均臨濁水溪旁，日治時期來此墾拓的北客們，常因濁水溪的氾濫而束手無策，因此利用早期先民們所製作的「籠仔篙」來圍堵，以免造成更大的災害與損失。「籠仔篙」又稱「壩籠」，據台灣省彰化農田水利會，《八堡圳與林先生廟簡介》所述：這是林先生所傳授之

〔註18〕行政院農委會農田水利入口網站，http://doie.coa.gov.tw/story/story-detail.asp?story_id=40。

〔註19〕林秀桂，《尋根探源話莿桐》，2002，頁64。

祕法（土工法）是用藤紮木或竹，編製方錐形與圓錐型之壩籠，俗稱為「筍」，因狀如筍，故又稱或「圓筍」。上游廣下游狹，壩籠高度一公尺二至三公尺不等，安置壩籠於河中，一個接一個連結成圍，攔堵水流導入圳內，壩籠的安置，必須由熟諳水性且熟練安置要領之專業工人下水，待壩籠安置妥當後，再以大小石塊放入籠內填實。籠仔篙在旱季不但有導水入圳的功用，雨季時亦有阻擋溪水氾濫侵蝕河堤功能，這種導水土工法成為台灣治水歷史上的範例，也成為早期北客開墾河壩地，不可或缺的引水灌溉與圍堵洪害的雙重助力籠。

圖 2-13　石筍的編製　　　　圖 2-14　攔河設施石筍的安置

以上兩圖資料來源——經濟部水利署：《我們的濁水溪》

圖 2-15　早期導引河水的石筍　　圖 2-16　現代式的籠仔篙

圖片來源《彰化平原的族群與文化風錄》　　圖片來源：網路「魅力新故鄉」

# 第四節　林內鄉與莿桐鄉的特色

## 一、林內鄉的地理環境

　　林內鄉位居雲林縣東北端，東臨南投縣竹山鎮，以清水溪為界；北接彰化縣二水鄉，以濁水溪為界；西鄰莿桐鄉，以嘉南大圳濁幹線為界；南臨斗六市，於山地與平原交接處，以台三線公路為界，劃分為山地與平原，東南面為山地，西北面為平原，地勢高低起伏，呈東北往西南傾斜之勢，縱貫鐵路自彰化縣南下貫穿本鄉為早期主要交通幹線，位居雲嘉平原北路要衝、地形險要。

　　林內原為一個荊棘叢生、人煙絕跡、濃密如蔭之大林野，明鄭時期林杞率部屬招佃開墾；至康熙末年（1722），閩漳浦人鄭萃俳自福建漳州而來，寄居山麓，將蠻荒遍野開拓成百里肥沃田園；雍正元年（1733），閩泉州人楊仲熹開墾九芎林附近；至乾隆、嘉慶年間鄭萃俳父子相繼平亂有功，清廷欽賜藍翎拔貢進士大夫等，從此傳家立業，人口集結，閩人黃、張、陳、方、高等五姓人民，先後來至林內地區開墾，形成農村，號名林內（見圖 2-17）。
〔註 20〕

　　清光緒 13 年（1887）劃設十六堡成立雲林縣，隸屬台灣省台灣府，本鄉之林內、九芎村、湖山寮、坪頂即屬斗六堡，烏麻園、烏塗子、灣龜頭則劃屬溪州堡。至日治時期初期，設立斗六堡林內區，之後改編為台南州斗六郡斗六街內。戰後經地方有力人士籌備建郡，奉准由斗六鎮及莿桐鄉各劃開部分於民國 35 年 5 月 8 日成立台南縣林內鄉，因行政區域調整，於民國 39 年 10 月 20 日改隸雲林縣。〔註 21〕

**圖 2-17　林內鄉地理位置圖**

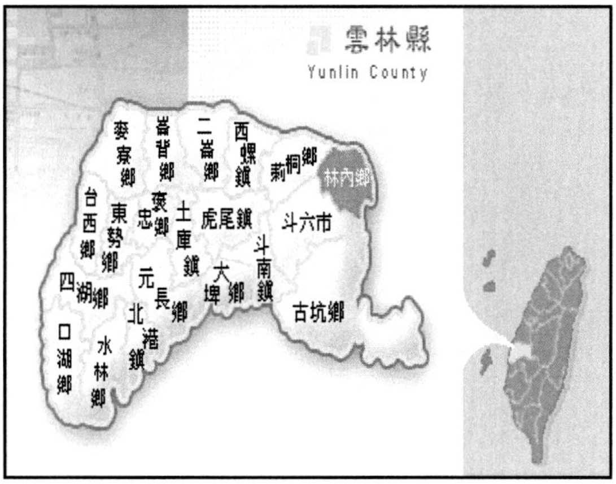

資料來源：林內鄉公所

〔註 20〕莊義芳，〈疆域沿革〉《雲林縣發展史：疆域地理》（雲林：雲林縣政府，1997），頁 25。

　　台灣歷經清政府、日本殖民統治及國民政府時代，不同朝代即有不同管轄範圍的設置，因此林內鄉的轄域村名沿革亦有不同的設置，林內鄉共十個村，土地總面積 37.6 平方公里。依《雲林縣發展史》將各村名沿革以表格詳列之：

表 2-1　林內鄉的村名沿革

| 清領時期<br>（雲林縣） | 日治時期<br>（嘉義廳） | 日治時期<br>（台南州） | 光復以後<br>（民國 63 年） | 光復以後<br>（民國 70 年） |
|---|---|---|---|---|
| 林內莊 | 林內莊 | 林內、下庄子 | 林南 | 林南 |
| ※林內莊 | 林內莊 | 林內、下庄子 | 林中 | ※林中 |
| ※林內莊 | 林內莊 | 林內、頂庄子 | 林北 | ※林北 |
| 坪頂莊 | 林內莊 | 林內、坪頂 | 坪頂 | 坪頂 |
| 斗六東莊 | 林內莊 | 林內、斗六東 | 林茂 | 林茂 |
| 九芎林街 | 九芎林街 | 九芎林 | 九芎 | 九芎 |
| 咬狗莊<br>湖山寮莊 | 咬狗莊 | 咬狗、湖山寮 | 湖本 | 湖本 |
| ※烏塗仔莊 | 烏塗仔莊 | 烏塗仔、頂烏塗仔 | 烏塗 | ※烏塗 |
| 烏塗仔莊 | 烏塗仔莊 | 烏塗仔、烏麻園 | 烏麻 | 烏麻 |
| ※新莊仔<br>芎蕉腳 | 新莊仔庄 | 新莊仔<br>芎蕉腳 | 重興 | ※重興 |

有※爲本研究範圍之村莊（資料來源：《雲林縣發展史》）

　　本鄉因靠近山區，屬於熱帶濕潤型氣候，年平均溫度 23℃。除十一月至翌年三月氣溫低於 20℃以外，其餘均高於 20℃。以秋、冬濕度較低，春、夏濕度較高，適宜種植稻米、雜糧、菸草、蔬果、花茶等屬於經濟性作物。因林內鄉位在山地與平原之間，表土淺，石礫多，土壤大致以粘板岩新沖積土及砂頁岩新沖積土組成，土壤以粘板岩、砂頁岩混合沖積土及紅壤土爲主。由於本鄉林北、林中、烏塗、重興等村落，位於濁水溪南岸，早期濁水溪未築堤防前，濁流由觸口直接進入林內鄉四處漫流，因此這幾個村落的沖積土屬於先沉澱的粘板岩新沖積土，土層比較密實，而且土壤呈中鹼性，面積約1,805 公頃。因此在本研究巡訪過程中的北客，多聚集在此區域範圍（見圖1-2）。砂頁岩新沖積土濁水溪漫流的中段，以坌質壤土或坌質粘壤土爲主，分

佈於林茂村、九芎村、烏麻村等村落，排水情形不完全，面積約 912 公頃。
至於粘板岩與砂頁岩混合沖積土，因位於比較後面的水流，土壤介於粘板岩
新沖積土與砂頁岩新沖積土的中間地帶，排水情形較不完全，分佈於重興村
以南、以東及西南，面積 175 公頃。紅壤僅一小塊，分佈於九芎村北端，屬
於台地遺跡，面積約 26 公頃。

### 圖 2-18　林內鄉各村地理位置及本研究範圍

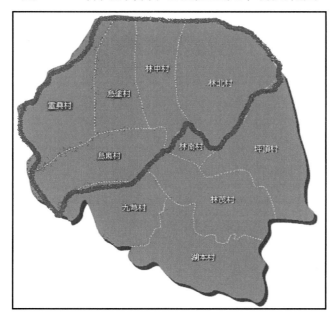

資料來源：林內鄉公所網站

## 二、莿桐鄉

### （一）地理環境

　　莿桐鄉位於雲林縣東南方，東接林內鄉，西鄰二崙鄉，北以濁水溪和彰
化縣北斗鎮及二水遙相對望，南連斗六市。位處於濁水溪大沖積扇上，地勢
由東向西略漸傾斜，地形略呈長方形，東狹西闊，中間地勢尚稱平坦，全鄉
地形呈半葉海棠狀。鄉境內的濁水溪本流與新虎尾溪網狀河道密佈，灌溉水
源不虞匱乏，加上人工埤圳水利灌溉設施發達，是雲林縣轄內發展農業條件
極為有利地區。〔註22〕

〔註22〕沈文台，《縱橫雲林》（台北：愛書人雜誌，2004），頁 211。

圖2-19　莿桐鄉的地理位置

資料來源：莿桐鄉公所

莿桐古稱「莿桐巷」，清朝以前莿桐叢生，人煙絕跡，先民到此墾荒，擇小巷建屋成巷村，莿桐綠樹佈全巷，故取名爲莿桐巷。另有一說，莿桐巷爲泉州古城的地名移植。因莿桐原本是泉州的舊稱，由於前來此地拓墾的移民，大多是來自於福建泉州的墾民，爲了飲水思源、不忘本，才以祖籍舊稱爲地名。《諸羅縣志》記載「打馬辰陂」，原由虎尾溪分支流出灌漑孩沙里、莿桐、饒平厝，直至西螺一帶。由此可知在康熙年間，已經有相當開墾地。清光緒13年（1887）成立雲林縣，本鄉莿桐、孩沙里、新庄、番子、甘厝劃屬西螺堡，溪頭、湖子內、頂麻園、後埔、樹子腳、大埔尾、油車等地則隸屬溪州堡。民國前十四年，實施縣制，隸屬溪州廳、西螺堡、樹子腳區，日治時期開闢縱貫公路，地方漸漸繁榮，民國九年改爲台南州斗六郡莿桐庄，因政府文書作業的簡略，改稱「莿桐」，至今成爲正式地名。戰後，至民國35年改爲台南縣莿桐鄉；民國39年行政區域重新調整，改隸屬雲林縣莿桐鄉。〔註23〕

　　本鄉屬亞熱帶氣候區，四季溫和，年平均溫度攝氏22.5度，全年氣候變化很小，秋天大概和春天差不多。適合農作物生產，爲生產稻穀較爲良好區域，但每年七八九月爲颱風季節，頻率頗高，鄉內部分地區會有局部短暫性積水，對農業生產易造成損害。冬季乾燥，旱災頻率較高。每年五月至十月吹西南風，十月下旬至翌年二月底爲東北季風，所以早期的農民必須開發埤圳或挖探水井來從事農耕工作。濁水溪湍急的溪水一出山地，由於溪床坡度驟減，容易形成沖積扇，莿桐鄉位於中游地區，皆沖積土的平原土壤，其土壤性質屬微酸性至微鹼沖積土，土壤以粘板岩老沖積土與粘板岩新沖積土爲

---

〔註23〕莊義芳，〈疆域沿革〉《雲林縣發展史：疆域地理》（雲林：雲林縣政府，1997），頁2～29。

主，極為肥沃。二者合計面積 4500 公頃以上佔全鄉土地之大部分。非常適合農耕，又因水利方便及平原地形，為生產稻穀較為良好的區域。莿桐鄉共 14村，下列圖表為從清領時期至今的村名沿革：

表 2-2　莿桐鄉的村名沿革

| 清領時期（雲林縣） | 日治時期（嘉義廳） | 日治時期（台南州） | 光復以後（民國 63 年） | 光復以後（民國 70 年） |
|---|---|---|---|---|
| 莿桐巷街 | 莿桐巷街 | 莿桐、莿桐 | 莿桐 | 莿桐 |
| 甘厝莊 | 莿桐巷街 | 莿桐、甘厝 | 甘厝 | 甘厝 |
| 甘厝莊 | 莿桐巷街 | 莿桐、甘厝 | 甘西 | 甘西 |
| 番仔莊 | 番仔莊 | 番子、番仔莊 | 義和 | 義和 |
| 新庄仔莊孩沙里莊 | 莿桐巷庄番仔庄 | 莿桐、新莊番子、孩沙里 | 興桐 | 興桐 |
| 埔仔莊 | 樹仔腳庄 | 樹子腳、埔仔 | 埔仔 | 埔仔 |
| 大埔尾溪底莊 | 大埔尾庄 | 大埔尾、大埔尾、溪底 | 大美 | 大美 |
| 油車仔 | 大埔尾庄 | 大埔尾、油車、下麻園 | 埔尾 | 埔尾 |
| 下蔴園 | 樹仔腳庄 | 樹子腳、庄子、紅竹口 | 興貴 | 饒平 |
| 樹仔腳庄 | 樹仔腳庄 | 樹子腳、樹子腳 | 饒平 | 饒平 |
| 頂蔴園莊下蔴園莊 | 蔴園庄 | 麻園、麻園 | 麻園 | 麻園 |
| 後埔莊 | 蔴園庄 | 蔴園庄、后埔 | 四合 | 四合 |
| 湖仔內 | 湖仔內庄 | 湖子內、湖子內 | 五華 | 五華 |
| ※新莊仔 | 新庄仔庄 | 新庄子、新庄子 | 六合 | ※六合 |

有※為本研究的北客聚居區（資料來源：《雲林縣發展史》）

## （二）經濟落後之因

　　莿桐鄉相較於台灣其他地區的開發，雖不算太早也不算晚，莿桐鄉一直以來未能像西螺或斗六的經濟發達街店林立，及西螺高知名度的老街。莿桐有的僅是一些較早開發的大地主或是士紳。會造成如今落後的境況有其原因，原來早期的莿桐鄉被分成兩大區域，現在的莿桐村一帶是屬於西螺堡區域，饒平一帶則是屬於溪州堡區域，直至大正 9 年（1920）的行政區域重新劃定才有莿桐鄉的誕生。此地早在漢人移墾之前，為平埔族漁獵出沒地，而漢人真正到這裡開墾是從清代康熙年間開始，由於濁水溪及其支流西螺溪、

虎尾溪時常改道，導致水患無常、沙洲遍布，聚落無法固定形成，有些聚落剛形成，又因水患而消失。直到康熙 54 年（1715），才有水利設施的興築。

### 圖 2-20　莿桐鄉各村位置圖

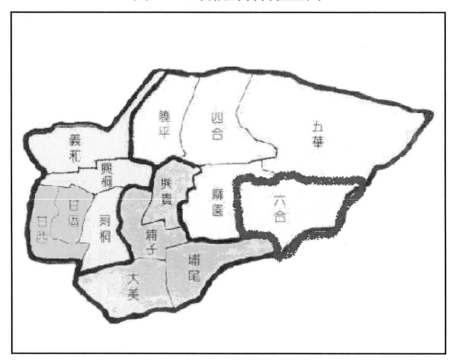

資料來源：雲林縣政府網站

　　當時諸羅縣知府周鍾瑄捐穀四十石，協助庄民合築打馬辰陂，乾隆年間（1750）左右，又有張盈裕糾眾合築鹿場圳（即今之鹿場課圳），這是比較具規模的水圳設施。這些水利設施的興築，使得水田面積增加，促使人群陸續移入，農村聚落更趨定型。按倪贊元《雲林采訪冊》記載，至光緒年間本鄉內較具規模之村落已有莿桐巷、頂麻園（今麻園村）、樹仔腳（今饒平村）等，都已有百戶以上的戶數，這都是因水利建設之故。

　　日治時代的臺灣，由於日本政府大力推廣稻米與蔗糖兩種作物，莿桐地區也有些改變，除整修鹿場圳外，大正 8 年（1919）公共埤圳官佃溪埤圳組合成立（大正 10 年改名爲公共埤圳嘉南大圳組合），由八田與一任總工程師拓建嘉南大圳，嘉南大圳的完成，使虎尾溪兩岸之聚落也逐漸崛起。

　　先前在「征臺之役」時，日本人領略到臺灣交通之惡劣，工兵部隊已著

手修築道路，沿著清代的所謂官道施工，建築臺灣第一條構工築成的道路，這條路民間俗稱「陸軍路」，其中莿桐至樹仔腳則稱「軍大路」，後再以陸軍路爲基礎規劃縱貫道。陸軍路從濁水溪南岸開始，由北向南延伸，越橋進入樹仔腳，經莿桐繼續南下，此一道路使樹仔腳成爲聯絡濁水溪南北的重要聚落所在，當時的重要行政機構（如庄辦公署、派出所、公學校等）都設於樹仔腳，比莿桐巷街繁榮熱鬧。但二次世界大戰結束，國民政府接收臺灣後，西部縱貫公路不再行經軍大路，也影響了樹仔腳地區的繼續發展，於昭和年間將憲兵隊、派出所等機構，遷到莿桐街，莿桐一地終成今日莿桐鄉之行政中心，並成爲縱貫公路（簡稱省道）必經之地。〔註24〕直到民國67年（1978）國道一號高速公路全線通車後，民眾多利用高速公路，省道逐漸被取代，不再經過莿桐地區，莿桐鄉因而開始沒落。因此，影響鄉內村落發展的最大因素，水及交通建設是落後原因之一。

　　原因之二，莿桐是個農業鄉村，農業生產一直是鄉民主要的生產方式，也是維持生計的主要來源，主要的產業還是以水稻（濁水米）爲主，種植面積及產量均爲雲林縣之冠。雖然稻米種植爲全縣之冠，但因稻作收入有限，而且莿桐鄉並無大企業或工廠設置可以就業。一般民眾多務農，大都從事農業生產，如蔬菜、蒜頭、及其他瓜果類，他們的種植收入是以「季」或「月」爲單位，不像其他行業，以「天」或「時」數爲單位進帳，收入當然差很多，收入少自然影響經濟成長，因此這種以農業爲主的鄉鎮，其經濟必定落後其他地區。

## （三）林屋地主的影響力

　　由於莿桐鄉屬農業鄉鎮，較具規模或響亮名稱的相關古蹟，付之闕如，僅有一些過往的事例或是留存的建築而已。以本鄉天瑤宮而言，相傳日治時代，明治天皇之弟能久親王經過「莿桐巷」時，曾於現今天瑤宮址辦公，傳說在其紀念碑下有三樣寶物，一口寶劍一面鏡子和一串手珠，且傳言能久親王白天在媽祖廟辦公，晚上住在林本家中。林姓在莿桐是大姓，〔註25〕祖先在乾隆時期自漳州府詔安縣西張鄉遷移於莿桐，渡台當時恭請玄天上帝一尊

---

〔註24〕林秀桂，《尋根探源話莿桐》（雲林：雲林縣政府，2002），頁6～7。
〔註25〕林姓在福建漳州的老祖公「林殼」是十一世祖，乾隆年間十四世祖「林串」來台，生三子（林金全、林輝及林壽），道光年間搬至埔仔。其中三房林壽生六子，人丁興旺，林本（十六世）就是出自這房。

來台奉祀，此像至今仍在，林本﹝註26﹞也是莿桐的望族，繼承父親的事業。

　　林本在莿桐區的土地約有五百甲，莿桐街上的大部分土地幾乎都是林本家的，所以林本將所有窮苦的親戚全叫來住莿桐，一方面方便照顧，另一方面也有人幫忙收租或做事。後來日治時期，林本提供土地進行街庄改造，闢設縱貫道，又將竹管厝改建成磚瓦木房。林本的土地從莿桐街往西，直到新虎尾溪邊，包括莿桐村、埔仔村、宗岳寮、朝清仔寮、長貢寮、黃朝厝、惠來厝都是林本的農場。大正 9 年（1920）林本以莿桐的五百甲地換東勢厝一千四百甲地，並且自設馬達引水灌溉開墾，經營林本農場，開發初期非常艱辛。據林保寶《莿桐最後的望族》：

> 黃添寶說：「以前的艱苦，你們聽不懂，土匪來時大家逃難，空地多，滿地的石頭跟草，耕農真是可憐，這邊做做那邊做做，那邊有得吃就移那邊，像貓移穴一樣，我老爸時常說：《虎尾溪！虎尾溪！一片像海哩！不知自己的祖先從哪裡來？》」﹝註27﹞

林本十三歲就會騎馬收租，喜愛做大事，十六歲設糖廍，又蓋房子並開發東勢厝農場，人稱莿桐一隻虎。所以當年日本治理台灣時，能久親王自北斗渡濁水溪至莿桐巷，就住在林本家中。﹝註 28﹞現今林家的建築雖然沒有列入古蹟的行列，但是其建築相較一般房子仍十分具有特色。

　　莿桐鄉雖位於嘉南平原上，但因無重要交通建設如高速公路、火車站、高鐵站或其他轉運站，以及知名的觀光景點有較多人潮進出，交通既不便又屬偏鄉僻壤，更重要的是又沒有其他較大的行政單位設置，因此莿桐鄉在基本條件上，就比其他地區差很多，這種落差使得莿桐鄉的鄉民如同弱勢族群般，這種城鄉差距值得政府省思。

---

﹝註26﹞「林本」生於光緒 3 年（1877），自幼讀漢學，敏慧超群，鄰人都稱林家有後，一生貢獻地方，從事開墾與產業開發，促成莿桐鄉及東勢鄉之發展。大正間獲頒台灣紳章，卒於昭和 6 年（1931）。

﹝註27﹞林保寶，《莿桐最後的望族》（台北：玉山社出版，1998），頁 124。

﹝註28﹞林秀桂，《尋根探源話莿桐》（雲林：雲林縣政府，2002），頁 25。

圖 2-21 莿桐鄉北客分布區

本圖改自 google 地圖

圖 2-22 林內鄉北客分布區

本圖改自 google 地圖

# 第三章　北客移民的拓墾與發展

## 第一節　桃竹苗的地理環境

　　一般人對於「桃、竹、苗」都有一個既定印象，那就是客家人聚居地區如同大家對南部「六堆」的印象般，雖然不同縣市，也非集中在同一個行政區域內，但它的名詞就是一個概念，一種代表，一種商標的品牌名詞一樣。因此談到北部客家人，大都指桃、竹、苗三縣的客家人而言。這個地區不僅代表客家的印象，也是台灣島內多數客家人遷徙他鄉者的原鄉。從此遷出者，就是本研究中的主題「北客移民」，他們遷徙的原因是本節所要論述的，以下先將該區的歷史背景及地理環境稍作分析。

### 一、地名沿革

　　明清時期的台灣地名少有大變化，多數居民都慣用由來已久的舊地名，但日治時期起卻起了大變革。新竹的舊地名稱「竹塹」又稱「竹塹埔」，漢人進入以前，是平埔族道卡斯族的居住地。清雍正元年（1723）增設彰化縣與淡水廳，而淡水廳就設於此「竹塹」，稱「竹塹城」。清光緒元年（1875）廢淡水廳，設台北府，竹塹改稱為新竹，隸屬台北府。到日治時期的明治 28 年（1895），改屬台北縣新竹支廳，明治 34 年（1901）獨立成三個廳，即桃仔園廳、新竹廳與苗栗廳，大政 9 年（1920）將新竹、桃園與苗栗合併為新竹州，設廳治於新竹市。[註1] 國民政府來臺後，將新竹州分為三個縣，即桃園

---

〔註 1〕管野秀雄，《新竹州沿革史》（台北：成文書局，1985），頁 8〜9。

縣、新竹縣與苗栗縣，這也是「桃、竹、苗」合稱的開始。

## 二、地理環境

桃園縣大部分是連綿不斷的丘陵臺地，地形呈西北向東南之狹長形，臨山面海，自石門水庫起經大溪鎮東北出縣境之大漢溪，將本縣劃分爲東南和西北兩大部分。東南部分爲丘陵地、階地及山嶽，地勢向東南漸次升高，山勢峻峭，河谷窄狹。西北部地勢則較爲平緩，臺地、階地甚爲發達，河流短而呈放射狀入海。新竹縣的地形丘陵多而平原少，地勢由東南向西北逐次降低。高山地帶主要分佈於東南部，包括尖石、五峰二鄉。丘陵包括飛鳳山丘陵、竹東丘陵、寶山丘陵等等，地勢起伏綿延。湖口台地爲由西向東的帶狀台地。頭前溪與鳳山溪是兩條主要河川。苗栗縣境內山多平原少，主要是原屬於雪山山脈西側的河川沖積扇，因不斷受到各河川侵蝕，漸漸切割成今日的丘陵、台地地形，數條河川隨著地勢穿梭其間，形成多變化的山川風貌。地形上大致可依序分爲平原、丘陵、臺地及山脈等四種，除了臺地之外，其他地形都非常有規律的由西向東排列。

從以上大抵可了解，早期新竹州整個區域的地理概況，深受地形特徵的影響。施添福《清代台灣的地域社會》〈竹塹地區的歷史地理研究〉中：

> 竹塹地區的氣候雖然單純，但地形卻頗爲複雜。區內有低平的沖積平原，有廣闊的平坦的紅土臺地，有零星分散且高度參差不齊的河階，有平緩起伏的地形原面，有破碎崎嶇的切割丘陵，有深切的峽谷和曲流，有地勢起伏極大的山地。其中佔地最廣的是臺地和丘陵，區內臺地大致平坦而向海緩斜，地形本身對農耕本無妨礙，爲臺地的表層土壤，多屬紅壤……故其原始肥力甚低。加上土壤高燥，又乏大溪圳水可資灌溉，因此並不利於農耕。……缺乏適合農耕的平坦土地。……就地形而言，本區適合農耕，特別是水稻農業的地形，只限於佔地不及 12% 的大溪下游的沖積平原。〔註2〕

桃竹苗地區總面積約有 4,603 平方公里，山多平原少，亦有多條河川橫流互其間，雖有峽谷及河川兩旁的溪埔平原可以墾種，但大部份是屬於高山或台地，在可耕地有限，又當地居民多數以務農維生，在人口增加壓力之下，出走他

---

〔註2〕施添福，《清代台灣的地域社會》（新竹：新竹縣政府，2001），頁178。

鄉是必然的。大正14年（1925）從苗栗三義搬到莿桐鄉六合村八十六歲的徐
老先生說：

> 北部祖公業當少，分家後就各人走各人个，山頂無麼个田，阿公手
> 屋家當多人愛食飯，耕山耕毋到豺，原旦三義河壩脣个田分水打忒，
> 無法度耕種，正會搬下來，阿公同親家公共下來中部。日治時代，
> 村長毋使做兵，村長比巡佐還大；日人要尋人做勞務，又愛做兵，
> 阿公帶全家徙下中部（怕被叫去做勞務）。

從苗栗搬到六合村才出生，現年八十歲的田老先生說：

> 阿公在北部時無財無產，正會搬來此垤幾下個頭家个田耕；國民政
> 府時放領到部份土地，當年三七五減租、公地放領、耕者有其田政
> 策時，在西螺辦公室擠滿農人，地主也搞不清楚什麼是耕者有其田，
> 就這樣土地被佃農放領走了。

光復後從苗栗公館搬到烏塗村的張先生說：

> 頭擺在苗栗北寮山崀頂焗香茅，做無食，聽人講這所在水當足，故
> 所就搬來這。全部係石頭地，愛引濁水三年後才可以種稻；人食个
> 水，係將濁水溪水停腳半日後就煮茶、煮飯。

綜上所述，都是造成後來台灣島內北部客家人的再次移民，雖然來自於桃、
竹、苗的客家人徙散於台灣各個角落，但他們幾乎都被稱為所謂的「北客」，
這個專有名詞。

## 三、族群分布

在清治時期的桃、竹、苗地區，原是平埔族道卡斯族的居住地，後來隨
著漢人進入之後，閩客族群相繼四處墾殖。陳運棟在《台灣的客家人》中提
及：客家人的入墾這一地區，是在乾隆30年代以後的事。不久，閩粵人集佃
墾闢的日益增多，阡陌相連，村落也就相繼的形成了。根據1926年台灣總督
府官房調查課所作「台灣在籍漢民族鄉貫別調查」，顯示客籍人口超過一半以
上的地區為新竹州（桃園、新竹、苗栗三縣），其中若細分為街庄（鄉鎮），
則桃園縣內有新屋、中壢、楊梅、平鎮、龍潭等。因此，由拓墾的歷史中可
知，自清代至日治時期的拓墾發展，以地理位置區分的「南桃園」即為客家
族群聚集的主要地區，也使得桃園縣早期有「南客北閩」之分。〔註3〕新竹縣

---

〔註3〕http://tw.myblog.yahoo.com/south_hakka

境內，除了五峰、尖石之外，其餘多爲客家人，包括北埔、竹東、關西、湖口、新埔等。北埔地區原爲泰雅族及賽夏族的居住地，直到清道光 14 年（1834），淡水同知李嗣同，命客家人姜秀鑾與福佬人周邦正，合組「金廣福」墾號後，設四十餘隘，並以壯丁三百餘人守隘，與原住民爭戰後，得以入墾此區，因此北埔、峨嵋一帶也因此逐漸繁榮。〔註4〕

圖 3-1　日治末期桃竹苗地區行　圖 3-2　現在桃竹苗地區行政區
　　　　政區域圖　　　　　　　　　　　域圖

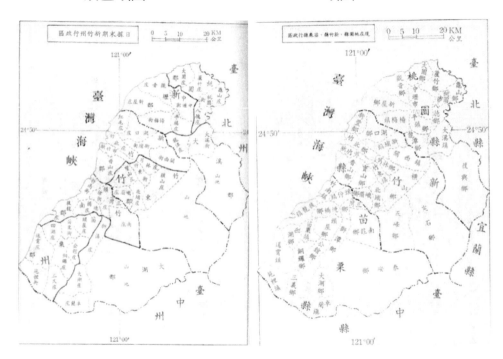

（以上資料來源：洪敏麟《台灣地名沿革》）

苗栗同樣也是北部客家人最重要的據點，因地理環境及開發的關係，閩客的分野是以海線及山線爲界點。山線的造橋、三灣、獅潭、頭屋、頭份、苗栗市、公館、大湖、銅鑼、三義、西湖、卓蘭等，都是純客家人的居住區。竹南、通宵、後龍、苑裡一帶屬於海線，多爲閩人居住的地區，〔註5〕這是早期桃、竹、苗地區的族群分布概況，也是現今台灣最大的客家分佈區域。此區

────────────────

〔註 4〕劉還月，《台灣客家族群史——移墾篇》〈台灣客家的初墾與二次移民〉（南投：台灣省文獻會，2001），頁 129～131。

〔註 5〕同上註，頁 151～152。

雖是客家人口最多地區，然而早期仍存在著一些閩客芥蒂，原住苗栗三義的徐先生說：因爲客家人較少，福佬人較多，大部份个客家人都被逐到山項去。雖是客家人，住不同村也會有摩擦和打鬥情形發生，頭擺庄拚庄，銅鑼同三叉（三義）都會庄拚庄，共樣係客家人也恁呢。俗言：人不親土親，或許在某些時候對客家人而言是矛盾的。

依行政院客委會調查「99 年至 100 年全國客家人口基礎調查」發現，客家人口較密集區仍集中在桃竹苗、高高屏及花東三大區域。而客家人口比例最高的縣市依序爲新竹縣 71.6%、苗栗縣 64.6% 及桃園縣 39.2%。說明了桃、竹、苗地區是台灣客家人口的大本營。

## 四、產業概況

### （一）稻　米

新竹州從清政至日治時期，主要產業都是以農爲主，稻米爲大宗，其他還有茶、甘蔗、柑橘、樟腦等經濟作物。根據大正 10 年（1921）的調查發現，新竹州稻米生產量約 90 萬餘石，隨著水利的建設與稻米品種的改良，年收成逐漸增加，到了昭和 10 年（1935），新竹州的稻米產量高達 177 萬餘石，生產價值高達四千一百萬元，佔農業生產的七成六之多，在短短的十五年間，產量幾乎成長將近一倍，可見日本政府對於農業環境改良的用心。〔註6〕

### （二）茶

茶、糖、樟腦以前被稱爲台灣三寶，對台灣早期的經濟發展助益很多，而且這三寶在新竹州都擁有。新竹州地形多爲丘陵傾斜地，加上氣候溫和、雨量豐潤，非常適合茶樹的生長。清初台灣並沒有人工種植的茶樹，直到嘉慶年間，有一位名叫柯朝的人，由福建引進武夷茶種，在鰱魚坑（今台北縣瑞芳鎮內）試種，是臺灣人種茶之始，由於發展速度並不快，約四、五十年的時間才僅限於臺灣北部的深坑、鰱魚坑以及坪林而已。同治 4 年（1865）時，英商陶德（John Dodd）來臺販賣鴉片和搜購樟腦，偶然發覺臺灣茶葉有發展可能，第二年便從福建泉州安溪運來大量茶苗，勸誘農民種植，並先給他們貸款用，收成時再全數採買，運往澳門等地銷售。於是從八里、桃園石

---

〔註 6〕鍾文誌，《內埔地區北客移民及文化之探討》（高雄：國立高雄師範大學，2009），頁 27。

門，到新竹、彰化一帶的丘陵臺地，逐漸發展成台灣重要的茶葉產地。〔註7〕因此，茶葉產地在數十年之間遍植到中部地區。

　　因此新竹州在昭和十年（1935年），茶葉的栽種面積高達 25,068 甲，生產約 11,124,713 斤，價格有 4,807,182 圓生產值，豐盛的產量使新竹州的茶葉產量位居全台之冠，並佔全台灣產量的三分之一，是稻米除外最重要的農作物。〔註8〕

## （三）糖

　　提到糖就想到甘蔗，台灣糖的原料就是甘蔗。甘蔗不僅是熱帶及副熱帶的作物，三百多年前的臺灣就有種植。荷治時期，荷蘭人已從臺灣每年出口日本七、八萬擔糖，明鄭時期，鄭成功由福建運入大量蔗苗，由其子鄭經教導人民耕種和製糖方法。〔註9〕清初時繼承鄭氏獎勵糖業的政策，並加以推廣，也因為蔗糖的利潤豐裕，使得糖成為台灣重要產業，更造成臺地「田少園多」的農村景觀。〔註10〕黃叔璥《臺海使槎錄》曾觀察到：臺灣、鳳山、諸羅三縣每歲所出蔗糖約六十餘萬簍，每簍一百七八十觔的盛況。以及烏糖百斤價銀八、九錢，白糖百斤價銀一兩三、四錢；全臺仰望資生，莫此為甚。由上可知當時蔗糖的獲利是高於稻米的，而農民的競相種蔗，使得高拱乾於《台灣府志》諭示中提到：人盡種蔗，則出糖倍多，糖多則價必賤。以此來警示農民，勿再搶種甘蔗，否則會價賤傷農。由於臺灣糖業興盛也輸出日本，於是日治時期，總督府開始展開臺糖的產業活動，進行技術改良，鼓勵種植之外，並可請領蔗苗、肥料、灌溉、排水補助費或實物。〔註11〕因此，當時的新竹州也是北部甘蔗生產的主要地區，並在新竹、竹南、苗栗等地區，設有糖業株式會社經辦糖業事務，於昭和 11 年（1936）時，甘蔗種植面積已達 5,213 甲，收穫高達 350,645,647 斤。〔註12〕可想而知，當時台灣的甘蔗種植面積之廣。但事實上，若將日治時期的糖價與清政時期的價格做比較，相差甚多，收成利潤早已被株式會社的糖業所控制。據《臺灣三百年》敘述：昭

---

〔註7〕黃天緝，《臺灣三百年》（台北：戶外生活圖書，1981），頁214。

〔註8〕同註52，頁27。

〔註9〕同註55，頁214。

〔註10〕林淑惠，《台灣文化采風：黃叔璥及其《臺海使槎錄》研究》（台北：萬卷樓圖書，2004），頁166。

〔註11〕同註55，頁89。

〔註12〕同註52，頁27。

和 11 年（1936）台灣一年半的蔗作每甲收益 59 圓，不要一年的稻作和甘薯混合作，每甲收益卻爲 200 圓 10 錢。強制農民種蔗，等於日糖會社向農民榨取了百分之五、六百的利益。可見日治時期的蔗農並非自願種蔗，而是被強迫的；因此民間流行著這樣的俚語：「第一憨，種甘蔗給會社磅；第二憨，撞球去相撞；第三憨，食檳榔去嘔紅」的反諷話語，說明了當時日本製糖會社的壓榨。由於種甘蔗相對於種稻的價差，就種植期限與收入有所落差之外，最重要的是造成入不敷出的生活窘境，此後桃竹苗地區也因此而漸少種植甘蔗，多改種其他農作。

### （四）樟　腦

　　新竹州的另一項台灣寶，就是樟腦。樟腦採自樟樹，台灣也是世界天然樟樹林的主要分布區，主要分布以中北部居多，南部較少。樟腦在清朝時期就已開發，林豪《東瀛記事》曾記載：南路多糖油，北路則茶菁磺煤樟腦尤勝，遂爲海外重鎮。夏獻綸《台灣輿圖說略》的物產記曰：煤爲巨宗，茶亦利溥，實始教種於同治初間；靛青、樟腦、糖蔗之屬尤多。由此可見台灣早期的物產豐富，清初移民來臺開墾中北部時，並不了解樟腦的經濟價值，而將樟樹砍掉，種植稻米。直到嘉慶、道光年間，台灣中北部的開發已迫近山區，加上國際市場的需求，樟腦的經濟價值迅速竄起，產地也開始擴展。同治 2 年（1863 年）樟腦集散地有艋舺、大甲、竹塹、後龍等地，所以產地以大料崁溪大甲溪鳳山溪後龍溪流域內的山區爲主。同治 11 年（1872），因爲外商深入大料崁（今大溪）、三角湧（今三峽）、鹹菜甕（今關西）一帶採買樟腦，於是這三處便成爲主要產地。〔註13〕光緒 12 年（1886）台灣巡撫劉銘傳將樟腦收歸官營，在北路大料崁設立腦務總局，三角湧、雙溪、新竹爲其支局，中路彰化設總局，卓蘭南庄集集埔里爲其支局。〔註14〕日治臺初期樟腦生產地仍以臺灣中北部爲主，後期的製腦產地雖然遍布全臺灣，但主要的初級製腦生產區仍落在中北部的山區，集中在臺北州、新竹州、臺中州，南部與東部的州廳均只有少許製腦地在運作。日治時期，爲了要控制台灣的樟腦生產，總督府於明治 28 年（1895）發布：〈官有林野及樟腦製造業取締規則〉，限定持有清代製腦憑證者，必須從新申請才可製腦，以此來掌控台灣樟腦業

---

〔註13〕黃天緒，《臺灣三百年》（台北：戶外生活圖書，1981），頁 216。
〔註14〕林滿紅，《茶糖樟腦與台灣之社會經濟變遷》（臺北市：聯經出版，1997），頁 64～66。

龐大的經濟利益。日治時期台灣的樟腦產量仍然佔世界第一，佔世界總產量的 70%。由此可見當時樟腦產業的蓬勃發展及其經濟上的利用價值。也因爲日本政府的制度及山區樟腦的過度開發之後，樟樹逐漸減少。這些住在桃竹苗地區擁有採樟製腦技術的客家人，只好前往尙未大量開發的東部及南部地區，促使了北客的再次遷徙。

## 第二節　北客南遷原因的探討

　　住在桃竹苗栗丘陵地的客家人，因爲山區缺水灌溉，田地面積又狹小，農事耕作不易，長期都以種植蕃薯、芋頭、蔬菜、花生、果樹等旱作爲主，種稻只能侷限在小面積的梯田上，收成不多經濟效益不大。平時則養些雞、鴨、鵝等作爲客人來時的備菜及加菜用，年節時也可當成祭祀用，拜完順便做爲家人難得的肉類補給品，多餘的雞鴨就用竹籠仔挑到街上賣貼補家用。由於山居維生不易，連溫飽都成問題，只能透過親戚朋友介紹看看別的地方有沒有比較好的農耕田地，因此部份的客家鄉親攜家帶眷遷徙。

　　北客南遷的影響因素很多，除了山多田少，環境惡劣的地理環境之外，還有人口增加壓力，以及土地所有權的問題；依陳彩裕的分析，日治時期新竹州的土地所有權多集中於少數人，地主與佃農比例懸殊高達 53%，佃農所得偏低，又要繳納租金，導致佃農生活沒有保障，只好遷移他處。〔註 15〕爲了尋找比較好的農耕田地，部份客家鄉親於是攜家帶眷移居雲林縣林內鄉、莿桐鄉。除了上述的原因，其他如政治、經濟、文化、天災等也是影響移民的重要因素。根據文獻記載，近代台灣大規模的遷徙是在終戰前後的光復年間，尤其是桃竹苗地區的客家人。這次的大遷徙又稱爲島內的二次移民，移民的年代約略可分爲三個時期：〔註 16〕第一期大正初年（民國初年），三五公司在彰化舊八堡圳之北的二林地區，強闢「源成農場」，設立糖廠，招募桃、竹、苗之客家人南來開墾，廣植甘蔗。以及同樣是三五公司在高雄美濃的開闢的「南隆農場」。第二期昭和 10 年（1935）年新竹州發生大地震，昭和 12 年（1937）爆發中日戰爭，昭和 16 年（1941）的大東亞戰爭；在 1935～1945 年期間，因戰爭頻仍致使政府實施「戰時經濟統制政策」管制民生物資，民

---

〔註15〕陳彩裕，〈台灣戰前人口移動與東部的農業成長〉《台灣銀行季刊：第 34 卷 1 期》（臺北：台灣銀行，1983），頁 159～160。

〔註16〕同註 77，頁 188。

生困苦，百業蕭條，促使移民們紛紛南遷高雄、屏東或東遷花蓮、台東。第三期民國 47 年（1958）的八七水災後，當時中部地區許多家園被沖毀淹沒，迫使他們離鄉移民中部、南部或花東一帶；在屏東六堆地區也有一批客家人，移民到台東關山、池上、東河等地棲身。〔註17〕

　　客家人一方面要克服自然環境的限制，一方面又要面臨不可預知的天災人禍肆虐，當客家人不得不面對問題的時候，也就是引發客家人再次移民的契機。這種因地制宜、因勢而為的轉機，誠如所謂的「山不轉，路轉；路不轉，人轉」的最好詮釋，客家人因而被閩人戲稱為：「客人盡會走，屋子掛車輪」。〔註18〕

## 一、拓墾經驗

　　北客南遷的原因與早期客家人移民來台灣，有許多雷同之處。因此，在物競天擇之下，族群的的演化會隨著需求而尋求熟悉、類似的生活環境，以利生存及繁衍後代。〔註19〕早期桃竹苗地區的客家人，多散居於偏鄉丘陵，雖有河流沖積平原可耕種，畢竟面積有限，多數仍是高高低低的丘陵，以及沿岸的河階平原，對於農耕而言是比較艱困的，但也造就了他們另一項墾荒技能。日治時期的三五公司在美濃地區成立的「南隆農場」，極需墾民來開發，因而向桃竹苗地區的北客招墾。根據當時南隆農場的主事者白石喜代治（曾任職苗栗郡）認為北部桃竹苗地區的客家人因住山區，祖先也來自中原山區，開山墾荒經驗比較豐富，尤其善耕「石崗田」石埔地的經驗，日本人比較喜歡。〔註20〕說明了當時北客長期的墾耕經驗，讓日本人非常信任，亦顯示北客們的拓墾技術，是長期來自於生活週遭的地理環境使然，撿石作駁、築堤作園、耕山種茶，因應地勢來從事各種不同的種植，對於他們來說這種農事

---

〔註17〕黃學堂編，2006，《台東客家源流研究文集》，台東：台東縣桃竹苗客屬同鄉會，頁1。

〔註18〕「客人盡會走，屋子掛車輪」表示客家人慣於遷移，經常搬來搬去，只要哪裡有機會開墾或謀生的機會，隨時可以舉家遷徙到哪。

〔註19〕謝惠如，〈臨溪畔再次移民的北客聚落──以麟洛、長治鄉為例〉《第六屆客家學術研討會》，（屏東：美和技術學院客家社區研究中心，2009 年 11 月 25 日），頁 182。

〔註20〕邱坤玉，〈漢人移民的設庄發展與祭祀圈：以三降的設庄與信仰調查為例〉收錄於《2007 客家社會與文化學術研討會論文集》（台北：文津出版，2008），頁 167。

經歷是非常稀鬆平常之事，也是農耕過程中的一環，哪知竟會變成他們移民生涯的謀生技能。

## 二、採樟焗腦技術

日治時期，因台灣當時的樟腦產量多，佔世界樟腦總量的百分之七十，日本政府因經濟上的需要，覬覦這塊經濟大餅，於是壟斷樟腦市場，控制樟腦的生產。台灣總督府於明治 32 年（1899）六月實施樟腦專賣，並於臺北、新竹、苗栗、臺中、林杞埔、羅東等地設置樟腦局，管理樟腦製造與配售等相關事項。第二年七月臺北樟腦局提升為樟腦總局，其他各局改為分局，並在各地設立督察所。明治 32 年（1899）正式成立台灣專賣局，樟腦業務一併列入其中。大正七年（1918 年）以後，由於第一次世界大戰的影響，物價工資高漲，從事的腦丁紛紛轉業，樟腦產量銳減。台灣總督府為因應局勢，於大政 8 年（1919）將樟腦改為官督民辦，成立「台灣製腦株式會社」。昭和 9 年（1934）七月日本國會通過預算，收購台灣製腦株式會社，使台灣製樟腦完全官營化。〔註 21〕解散台灣製腦株式會社，改由專賣局直接經營，組織縮併後，以對抗化學樟腦的競爭。昭和 16 年（1941）太平戰爭爆發後，台灣樟腦市場中斷，產量遽降，甚至不及專賣局初成立之時的 20%。

樟腦在全盛時期，由於中北部的樟腦大量採伐，樟樹驟減，只好轉向其他地區，由於客家族群是新竹州最擅長煉製焗腦者，因此許多技術熟練的腦丁們，自行遷徙尋找新天地，或被當地人聘請雇用，展開一波舉家遷移的「樟腦移民」潮，這些桃竹苗地區的客家人，南向到南投、嘉義、台南、高雄山區，東向到宜蘭、花蓮等處，人口至少兩、三萬人，約為日治時期客家總人口數的十分之一。〔註 22〕住在林北村的黃先生說：**厓等會徙來這，係吾姑丈介紹，因為佢日本時代就來吧，先去竹山該核腦焗腦，盡衰過，無好核後才過來這耕田。**可知當時有一些北客是因擁有焗腦技術遷徙而來，終究還是不敵資源耗盡，而轉移他處謀生。

## 三、政策因素

日本國內米、糖的產量不多，缺米嚴重，每年都要向外國進口大量的米、

---

〔註 21〕廖英杰，〈日治時期客家人移民宜蘭的歷史背景〉《宜蘭近山地區發展過程之研究（1796～1920）：樟腦、泰雅與叭哩沙平原，2001》，頁 7。
〔註 22〕行政院客委會網站。

糖，如臺灣、朝鮮等國輸入。明治 36 年（1903）日本自國外輸入的米量已達五百零五萬九千石，日俄戰爭時更增至五百五十三萬三千石，這種空前的數字，使得日本不得不採取米穀的統制。〔註23〕根據文獻記載，早在荷治時期，台灣的糖業生產足以出口到日本，作為荷蘭人出口貿易的經濟指標。而台灣的農產卻以米和糖為生產大宗，日本人來到臺灣之後，看中了這兩項產品，因此為了要提供本國的米、糖供需，積極開發農業，改進農業耕作技術及新品種，因而鼓勵設置官營、私營農場，招募墾民加入生產的行列，美其名為農業環境改善，實則為私人資本家角逐的場域。當初許多桃竹苗地區的客家人，受限於當地的地理環境因素，而加入全台各地私營農場的佃墾活動。農場主人為了招募更多移民的入墾，提供相當優渥的條件，包括免費的房舍、牛隻、耕具及配租土地等等誘因，促使大批的北客連袂南下。因此原住二林的李女士說：**俚在二林出世，今年 87 歲，吾爸佢等係在苗栗銅鑼徙去二林个。**還有八十八歲的徐英女士也說：**俚等邸中壢，降下來四十日就徙到北斗。**〔註24〕從兩位耆老口中可以了解，他們於大正 12 年（1923）左右隨著父母從北部遷徙到彰化地區。這是日本政府為了糖業的發展，確保甘蔗的來源，於是強行收購台灣人的土地，作為私營農場，成立糖業株式會社。台灣的農地被強制徵收後，土地成為少數人所控制，一般農民僅能當小佃農。日治初期，台灣總督府主導殖民地的開拓規劃，由官方為日本資本家量身定做各種規則，迫使台灣提供資源、物產及勞力。這種有計畫的開放土地佃耕措施，並非真正改善農民生計，反而扶植了更多的日本資本家，累積他們的經濟實力，坐實了日本殖民帝國主義在台灣的經濟掠奪。

## 四、天災的影響

客家有句諺語：「上屋徙下屋，毋見忒一籮穀」，意味著遷徙是非不得已的情況下才要搬遷，否則在遷移過程中，有可能遺失東西，或者遷徙他處時，過程的勞累，銀兩花用，重起爐灶，更新生活及適應等，都是一大挑戰。黃先生說：**徙一擺愛幾下年來賺。**說明遷徙過程是一件多麼勞民傷財的事。

昭和 10 年（1935）4 月 21 日，剛好日本統治臺灣的四十周年，台灣中部

〔註23〕黃天緝，《臺灣三百年》（台北：戶外生活圖書，1981），頁 88。
〔註24〕按《彰化縣客家族群分布調查》中：北斗鎮的二次客家移民則大多分布在原東螺溪河床，即今日的新生里與大新里等地。當時北斗地區亦有日人的「神原農場」、及當地仕紳的「下霸農場」、「圳寮農場」等。

發生了有史以來規模最大的 7.1 級大地震，造成 3,422 人死亡，11,833 人受傷，損毀房舍高達 6 萬棟以上，〔註25〕其中新竹州死亡人數爲 1,433 人，受傷人數爲 4,532 人，房屋嚴重毀損達 24,873 戶。強烈的地震重創當時新竹、臺中二州，受害區域大多集中於竹南、苗栗、大湖三個地區，而苗栗郡的死亡人數高達 824 人，幾乎佔全州死亡人數的六成。〔註26〕嚴重的災區有苗栗、大湖、竹南、竹東、東勢、豐原、大甲等地，因震央位於新竹州苗栗一帶的關刀山附近，因此又稱爲「關刀山地震」。另外受災嚴重的豐原郡內埔庄居民則稱爲「屯子腳地震」。中部大地震除了造成的山崩、地裂等現象，亦造成房舍、道路、橋樑及建築物等毀損殆盡，鐵路縱貫線也在此次的地震中，分別在各災區崩塌中斷。〔註27〕當時新竹州的災情會如此嚴重，乃因地處山地丘陵區，原本對外交通就極爲不便，加上震後道路、橋樑的毀壞，讓救援的行動雪上加霜。至於房屋倒塌的部份，因居民多爲農戶人家，房屋大多數是傳統式的「泥磚屋」，厚重的泥土常因雨水浸蝕而軟化瓦解，不但不耐震，在強震下更是應聲即倒，種種因素使得災情越趨嚴重，死亡人數不斷攀升。雖然災後日本政府全力動員搶救及重建，但是災民面對殘破的家園，要重建是何其困難。因此新竹州的客家人，在歷經屋毀人亡的情況下，只好選擇離開，尋找適合的地方重新生活。

## 第三節　濁水溪流域浮覆地的開墾

濁水溪是台灣最長的河流，下游更是台灣西部平原重要的農業分界線。早期的濁水溪（東螺溪），從鼻仔頭經二水橋後，流向西北的彰化平原，由於河幅遼闊，河道泥砂堆積旺盛，只要一到雨季，或遇颱風洪水氾濫，流路經常改變，河水自然四處流竄。這些濁水溪流經地區，如俗話常說的：「凡走過必留下痕跡」，因此形成廣大的沖積扇平原，又稱「河川浮覆地」。雖然河川浮覆地可以造就農業的發展，但是濁水溪的水性有時像人類般，平常溫良和善，偶發脾氣時，卻驚濤駭浪，尤其夏秋逢洪時期，肆無忌憚地四處凌

---

〔註25〕 森宜雄、吳瑞雲，《臺灣大地震：1935 年中部大震災紀實》（台北：遠流圖書，1996），頁 18。

〔註26〕 同註 72，頁 44～45。

〔註27〕 鍾文誌，《內埔地區北客移民及文化之探討》（高雄：國立高雄師範大學，2009），頁 41。

虐鄰近的流域區，水量的豐沛程度帶來莫大的災損；災害小者淹沒田產，災害大者，不僅沖毀農田，河流區域內的村莊聚落都遭殃，住民身家性命受到嚴重威脅，既使這樣的威脅，趕走居住當地人群，卻也帶進了另一批的拓墾者。

## 一、浮覆地的形成

### （一）水災的肆虐

濁水溪河道變遷所形成的浮覆地，在不同年代的時光隧道裡，展現出不同的面貌，人群與聚落的遷移隨著物換星移，亦改變了人們既有的落地生根印象。早年濁水溪的水流不定，致使許多聚落與村莊的居民，常生活於恐懼當中。張素玢在《歷史視野中的地方發展與變遷：濁水溪畔的二水‧北斗‧二林》文中提及，彰化地區的河川浮覆地涵蓋了東螺、眉裡、二林社社域，其中以東螺社為甚。舊濁水溪舊稱東螺溪，正是河道變遷最劇的河流，只要河道改變，家園俱成廢墟。〔註28〕說明了舊濁水溪變動最劇烈地區，正是造就浮覆地最多地區，而所謂的「東螺」就是現今的二林鎮。日治時期三五公司在二林地區設立的源成農場，就是此地東螺溪的浮覆地區內，也是當初「北客南遷」的拓墾區。由此可見濁水溪的水患，是造成人口變動的重要因素之一。水的無情雖帶給人類毀滅性的摧殘，相對的，卻是給予拓墾者另一線生機，桃竹苗地區的北客，因此相繼南下來此開拓。

這些廣大的浮覆地，據說是在明治31年（1898）發生了戊戌大水災之後所形成的。這次的水災造成台灣中部有史以來破壞力最強的大洪災，主因是濁水溪本流提岸崩潰，洶湧滾滾的濁水沖毀村庄，造成田園的大量流失，人畜更是傷亡不計其數。受此水災的聚落，全庄幾盡流失，牲畜隨處漂流，田園被淹沒殆盡，一夜之間地形大變，河流位移數百公尺，原為平原地卻成濁水溪的行水區，整個地理環境出現明顯落差與改變。依據文獻記載，清代雖建設台灣最大的八堡圳水利工程，有完善的濁水溪的灌溉幅軸，然而從 1749年到 1792 年，不到五十年的時間，濁水溪總共發生了十一次的水災，幾乎五年一次。〔註29〕水災發生頻率高的原因，在於當時尚無先進的堤防建設，多

---

〔註28〕張素玢，《歷史視野中的地方發展與變遷：濁水溪畔的二水‧北斗‧二林》（台北：台灣學生書局，2004），頁 63～64。

〔註29〕同註93，頁 119。

是由溪底砂泥、土石堆疊而成的一般土堤堆壘，既不高也不堅固，只要洪水一來，更無法有效的阻擋，土堤立即被溢流滲透，甚至沖毀。住在林北村八十一歲的黃老先生說：日本時代無作礐，〔註30〕正搬來這都是石頭、河壩埔，愛用尖尖个耙仔去挖石頭。由於土堤不耐水流的沖刷，因此無法將濁水溪的水流固定，亦使得流路時南時北，飄忽不定，一到洪峰期，橫溢氾濫，僅能任其隨處漫流，並無其他對策，這是造成濁水溪主流不定的主因，更是形成濁水溪廣大浮覆地的由來。

## （二）無堤防建設

日治之前，台灣仍無完善的河川治理工事，〔註31〕只有簡易的土堤工事建設，一遇洪水即崩塌流失。日治初期任職於台灣總督府臨時工事簿的技師十川嘉太郎技師提及清代台灣河川的樣貌：

> 日本領臺前的台灣河川，皆無橋樑或像個堤防模樣的設施，故河川之交通絕大部分是途涉而過，只有中南部地方的河川，有些像是用塊石做的堤，但據說隨即被流失。因此，一直到台灣總督府開始做治水工程之前，台灣的河川可以說仍舊完全處於原始的狀態一樣。〔註32〕

以上說明了早期河川若無堅固的堤防，將使得河流行水道無固定路線，形成「十年河東、十年河西」的景況出現。因此，臺灣總督府於大正元年（1912）開始進行濁水溪的護岸工程，分三期進行，第一期的護岸工事，約603.8公尺，從濁水溪右岸築到南投廳濁水庄附近，以防洪水沿右岸而下。第二期的護岸工事長約918公尺，築於今二水鐵路橋隘口上游左岸，以防止清水溪之破壞鐵路，第三期的護岸工事約2,412公尺，築於鐵道橋下游左岸，導溪水入濁水溪本流及西螺溪。〔註33〕有了較具規模的護堤之後，濁水溪浮覆地吸

---

〔註30〕作礐─zog、bog、，客語稱築堤防。
〔註31〕民國元年日人成立「濁水溪治水工事事務所」，計畫分三個時期進行整治工作。民國5年以前為第一期，以應急搶修為主；民國6～15年為第二期，先以興建二水鐵橋上、下游兩岸之新虎尾、林內、下水埔等堤防以堵截舊濁水溪，次於西螺溪（濁水溪出口段）兩岸繼續增設堤防及護岸，束範河水導水入海，而形成今日之濁水溪；民國16～34年為第三期，按計畫繼續興建兩岸堤防、橫堤、導流堤及丁壩等防洪設施。光復以後，濁水溪主要河段治導工作，由工礦處負責，民國36年台灣省水利局（現經濟部水利署）成立後始正式接管本溪之治理工作。
〔註32〕十川嘉太郎，《顧臺》（東京市：著者自刊，1936），頁93。
〔註33〕同註93，頁122～123。

引不少拓墾者，陸續進入此區。

## 二、浮覆地的拓墾

　　每當水災一過，受到濁水肆虐的土地，盡是滿目瘡痍，難再整理耕種，
有些原地主只好棄耕，另尋他處謀生；但有些卻是原本就沒有土地的佃耕者，
看到受創嚴重的砂礫浮覆地無人耕種，正是最好的拓墾契機。原居竹東芎林
遷大林現住林北村七十五歲的湯先生說：

> 吾公有七、八個兄弟，細人仔又降多，屋家無財產，兄弟只好各人
> 尋頭路，各人打拚。吾公就搬來這裡……記得俚五、六歲時節，河
> 壩底个田，盡多有權狀，但係無看到人，無人耕。

對於河川浮覆地的名稱，客家人稱爲「河壩地」或「砂埔地」，福佬人稱爲
「溪埔地」，現代則稱爲「河川地」亦稱「河川浮覆地」。所謂「河川浮覆地」，
依台灣省河川管理規則第四條第一項第十款規定，指河川流域土地因河川變
遷或因施設河防建造物，經公告劃出河川區域以外土地，這是光復以後國民
政府所實施的「台灣省河川管理規則」的項目之一。臺灣省文獻會《臺灣私
法》第一卷說明：「溪埔是浮出溪中或溪岸，得以墾成田園等土地」。因此河
流沿岸的浮覆地，吸引了不少北客移民的墾耕，如濁水溪北岸彰化二林七
界、[註34] 北斗、溪州，及南岸林內鄉的林北、林中、烏塗、重興村與莿桐
鄉的六合村等。從彰化二林嫁到林北村，今年八十一歲的陳女士說：

> 以前吾爸在北部無財產，從苗栗徙到竹山社寮，在該贌八甲零土地，
> 無幾久發大水，一暗晡就打淨淨，麼个都無咧！高不將再徙去二林，
> 在二林又乜贌砂埔地耕。俚嫁來這過後，二林又做水災，田坵又分
> 大水沖走咧！無辦法只好再搬到北斗開墾砂埔地，一直落腳到今。

另一位日治時期家族遷徙屏東，之後嫁給也是南遷的北客，後來再遷到六合
村，今年七十歲的葉女士說：

> 搬來這河壩地，每日都愛去田坵仔撿石頭，大水一過，歸片吔都係
> 砂石。逐朝晨食飽朝後就愛去田坵拈石頭，拈滿一畚箕就愛兜去田

---

〔註34〕二林七界，是指日治時期三五公司在彰化二林、竹塘、埤頭一帶的丈八斗段、
漏瑤段、後厝仔段、犁頭厝段、五庄仔段、大湖厝段、面前厝段等地，提供浮覆地給
桃竹苗地區的北客佃耕開墾，他們居住的地方就被稱爲「源成七界」，又稱「二
林七界」。

> 脣項倒，拈毋得忒，緊拈都還有。

住在六合村原居苗栗三湖的張老先生說：

> 當初來全係河壩地石頭地，這係水尾較無水，田坵一堵一堵高高低
> 低無平，有兜石頭過多，有兜泥過多，同排水有關。愛蒔田就愛先
> 拈石頭再耙平，種甘蔗就過無相干。暗晡頭要去水頭柵水，有時柵
> 有，有時柵無，還會跟水頭田福佬人口角、相罵。

來自苗栗南庄今年九十歲的耆老范女士說：

> 頭擺吾爸打碳無耕種，下來耕田，下來一年多就過身，爺仔死後招
> 過繼叔，有人紹介到海口麥寮尋田來贌耕，因爲海風大，後來就徙
> 來這。

另一位在北斗出生，現年七十八歲的邱先生說：

> 吾爸二十四歲時，阿公就過身，佢愛䁥一家人个生活，故所就帶等
> 阿婆、阿姆同五兄弟，從新竹徙下來北斗這邸，後來人家紹介西螺、
> 林內這片田盡闊，故所就過來這耕河壩田。

他們認爲只要有地就有機會，就可以開墾，既使是滿地瘡痍的石礫地也無妨。
這些浮覆地涵蓋了彰化平原的南半部及嘉南平原的北半部，都是北客尋找拓
墾的最佳地點。

## 三、親友引介移墾處

　　構成移民活動必備的兩個要素爲推力與拉力，桃竹苗地區丘陵多平原
少，農耕條件不佳，正是促使北客南遷的推力；拉力是雲林當地有廣大的浮
覆地及溫和的氣候和適量的雨量，可供移民進入拓墾，兩相比較之下，拉力
條件優於推力之時，定會造成大量移民入墾。尤其是親友的實例驗證，早期
先到的移民，在當地墾拓一段時日生活安定，農事生產也有了固定的收入之
後，總會回到家鄉向親友吹噓誇耀，將該地的地理環境、交通建設詳加介紹
一番，甚至邀請他們先行南下勘查，是否如其所言，再決定搬遷。這種透過
親友推介的方式，也是行銷的一種，等同於是拉力的延伸。光復後才搬來的
劉先生說：頭擺佢一個叔公先來這買田，下後，喊吾公也來這買，講這所在較
好生活，日子較好過。

　　其實北客尙未移民之前，都會事先探聽或前往調查，對於原居地的土地
侷限無法增加生產能力，才會思考尋覓他處，否則一般生活安定無虞者怎會

選擇離開。日治時期隨著祖父搬來林北村，今年八十八歲的高先生說：因爲上背無田，正下來林內邸，自家來尋个，來這大部分耕別人个田。有些人是聽聞此地之後，自己南下尋找，了解當地各種概況，認爲值得考慮，再回鄉整理家當舉家遷移。不管移民者是否透過親友的網絡訊息或推介，都是屬於推力與拉力的環節，在一推一拉之間形成的交互作用。

## （一）日治時期的拓墾

### 1、土地調查

當初台灣總督府進行土地調查時，有些已耕種了數代的農民地主，部分是辛勤墾拓的移民，因沒有讀書，對於土地的所有權認知不清，在日人進行耕地地主調查及登記名字時，許多人因怕登記了名字之後，要繳納繁重的稅金，因而將自己土地呈報他人的名字。一位報導人曾說：「日治時期，有土地毋敢出名」。某人因大家認爲他田地較多有財產可以繳租，土地報其名字應無所謂，導致大家的田地被登記其名變別人的。住在莿桐鄉六合村的徐先生說：

> 日本人接收个時節，愛登記土地，有一個安到「陳林氏寶」〔註35〕
> 个婦人家，大家都想害佢分日本人抽稅，將無人愛个土地插「陳林
> 氏寶」个名仔，日本人登記後，全部土地都變「陳林氏寶」个。

北客到此墾拓土地，怕繳付繁重稅金，而不願將開墾的土地插上自己的名字，但是當地人的想法並非如此，而是看不慣當地的一名會吃檳榔又跛腳的寡婦，想害她繳交更多的稅金。據林保寶在《刺桐最後的望族》中有一段寫著：

> 在雲林地方上流傳一句俗諺：「要害瘋寶仔倒，顛倒瘋寶仔好」。大
> 家都說瘋寶仔寮是插來的，背後原來是要害瘋寶仔乎死。從斗六到
> 海口都有跛寶个土地，以前要買土地要找跛寶仔，人家跟她說這片
> 土地是她的，她才知道她擁有這片土地。但是日本人稱她是「女丈
> 夫」，這是什麼緣故呢？

---

〔註35〕陳林氏寶－明治七年生，十二歲時從兄研究漢學，二十歲出嫁，二十四歲喪夫，後來獨力從事農業，明治四十一年投資經營木材、膠灰、酒類販賣等，買進房屋田產。明治四十四年購買斗六街俱樂部，經營有方資產豐厚，大正十四年已有十萬圓之資產，年年上納稅金千圓。平常也會施與貧戶金錢或棺木。

> 斗六附近，以前有一個女人檳榔吃很大，脾氣又壞，走路一拐一拐，出門都坐人力車，人稱「瘋寶仔」。日人調查土地地籍時，大家想開她玩笑，便將一些沒人要的地，都插上有她名字的旗子，結果反而讓她擁有了許多土地，後來成爲地方上很有勢的人。黃天寶說：「那是因爲以前的土地，很多都是黃土、水窪，沒收成所以沒人要，日人來時劃地，土地劃是誰的誰就要繳稅，大家把土地劃給跛寶仔，想讓她不夠本，付稅付死！沒想到後來土地發展，要買土地得找跛寶仔。瘋寶仔與林本桑一樣在雲林縣名聲響亮。

住在附近的田先生也說：

> 「陳林氏寶」大家喊伊「瘋寶 xiau bo丶」，在日本人接收臺灣調查土地時，部分人將土地向日本人講係「瘋寶」个，有兜人个土地全部變瘋寶个。

由於長期的貧困生活，大家也過怕了苦日子，當日人接收台灣後開始清理土地，要登記地主名字造冊時，一般民眾對於這項土地登記，不但心存疑慮，更在認知不足的情形下，深怕課徵稅賦，隨意找一個替代者來頂替，大家不約而同的將土地呈報給某一個人，想讓其代繳稅。哪知自己反而喪失了原有的土地所有權，土地轉眼之間卻變成別人的，眞是後悔莫及。

2、土地改良株式會社

日治時期，台灣總督府進行土地調查時，卻視這些浮覆地爲濫墾地，強制徵收，後來發放給日籍退職官員或給予親日人士申請官地，倡設土地開拓會社，台灣總督府在完成土地調查和林野整理之後，賦稅收入大量增加，未入冊的私墾隱田和大部分的山林原野，成爲所謂的「官有地」。爲了發展農業，總督府積極保護日本資本家和台灣本土資本家，從事土地開墾和水利興築。〔註 36〕林中村兩位來自苗栗的報導人同時指出，當時來到此地全爲荒埔石礫地，辜顯榮在此成立「土地改良株式會社」，擁有的河壩地約一千多甲，全部用石頭一區一區圈起來，大家都買權力，想要贌佃土地，只要拿著「砂𣞁」〔註 37〕自己去「弓」，〔註 38〕再「矺石號」〔註 39〕做記號即可，去弓河

---

〔註 36〕同註 93，頁 201～202。

〔註 37〕砂𣞁－sua ˊ ngiau ˊ，一種小型專鋤石礫地的倒三角形的鋤頭。

〔註 38〕弓－giung ˊ，客語的意思是將整好地再圈圍起來。

〔註 39〕矺石號－zag丶sag ho，拿石頭壓置作記號。

壩地的人大家都有默契和約束，不會互相侵犯，若是彼此熟識，還會互相幫忙，等弓完一塊地再換另一塊，弓好之後須向田主確立繳交佃租期限。由於河壩地高低不平，大家都爭相尋找土地，低的都被先佔走，因爲低的石塊比較小，好整地；高的地不僅石頭多且大，要整平並不容易，須花費較多人力及時間，因此他們若想要找到比較容易弓的地區，必須在天剛微亮時，比別人先到河壩地尋覓，否則慢到的話，就找不到好的地段。要拓墾河壩地來種植農作，並非弓地圈圍即可，因地表全都佈滿大大小小的石礫，農作物無法生長，需慢慢塡土，有了一層厚土之後，才能種田蒔禾或其他雜作。住林北村今年八十三歲的黃先生說：

> 來這耕較闊較好，一共弓三甲零田，請六十零儕人來搶手做三隻月，
> 因爲河壩埔全石頭，愛再舁一呎泥深，正做得種東西，泥愛用買個
> （清水同濁水交接處個泥，私人挖個），用牛車同人力來做。請人起
> 石入泥，分班做自家帶飯包，淨準備茶水、畚箕、钁頭，該下細倈
> 工一工人 12 個銀。三甲六做一下種菸仔三支菸焙，收成到個錢堵好
> 弓這三甲六個錢額。

由於初期的開墾並非易事，需用人力及畜力的合力開墾，若是土地廣闊的話，也需大量人力的介入，始可完成耕地的墾拓。

### 3、繳納糧租

想弓土地來瞨耕不但有範圍限制，還需折糧價來繳租，圈地的範圍有三種，爲一分三、一分半、一分六等，一分半的佃租大概是 4～5 百元，約現在的二石多米（20 多斗米），那時一斗米約 20 元左右。大多數人都以收成之稻穀來繳納佃租。有些人將圈到的土地再轉租他人當小佃主，有些生活較貧困者會先向地主預借現金，等稻穀收割時再以濕穀直接量給地主當還款用，稱之爲「糶新穀」。那時的淰穀與燥穀價格相差很多，非不得已，誰都不願預糶新穀，因爲辛苦種植的稻米只要一收割，地主就在田裡當場磅量秤算；若以一百斤晒乾的稻穀，大概可以輾成 6.12 斗米，一百斤稻穀約 43 元左右而已。林北村的湯先生說：

> 𠊎等徙來這時，向嘉義林文欽瞨田耕，該時節佢個土地有兩百零甲，
> 佢係駛飛機個；係來巡邏時都騎馬仔，這跡位有一個事務所，[註40]
> 大家割禾時，都會將穀拿分佢曬，因爲愛交濕穀作瞨金，佢有請三、

〔註40〕事務所地點在現今林北村的玉蘭花樹下處。

四個人在該做承勞仔〔註41〕（分大承勞、小承勞），佢等會負責曬穀、
量穀。

爲何北客會選擇不易開墾的河壩地？據現年八十二歲，原住在苗栗老田寮的
黃先生說：福佬人毋會耕田，大部分做工，做工絡食，現做現有錢。河壩田
旦是係客家人耕，福佬人盡少耕。難道福佬人都不願意從事耕種嗎？其實並
非福佬人不喜耕種，而是他們對於河川浮覆地的開墾，必須花費較多的時間、
金錢及精力來排除土地上所堆積的石塊，對於這種耗費的工事，他們情願放
棄，寧可替人幫傭做工，現做就有現金落袋最實際。再者他們的觀念，總認
爲被洪水蹂躪過的土地，不但石礫多，土質貧瘠，重新整地談何容易，況且
還要投入更多的資金與人力。原住竹東七歲就遷來的八十一歲張女士說：福
佬人攏罵佢等「客人猴、客人鬼」，佢等無愛耕个田，你等嗄相爭。他們認爲
客家人很傻，爲什麼不找好一點的土地，專挑這種他們不要的劣質地來耕種，
以不屑的形容詞罵北客爲「客人猴、客人鬼」。黃先生還說：佢在二林出世，
五歲搬來這林北村，識聽吾爸講，二林要落盡重个肥，耕毋到來食。另一張
先生說：砂埔河壩地就像「風吹牛鼻頭」。〔註42〕總之在日治時期，不被福佬
人重視的濁水溪沿岸浮覆地，對客家人而言，卻是拓墾的最佳機會。

日治時期的這片廣大浮覆地，因地廣人稀，又臨濁水溪岸，每年都會面
臨相同的河水肆虐，年復一年的循環著，在地的閩南人深知這種狀況，敬而
遠之，棄如敝屣，客家人確認爲只要有田可耕，對於初墾的荒地及土地利用
價值，不會考慮太多。哪知日本人統治台灣以後，爲了農業發展，總督府於
大正元年（1912）開始進行護岸工程，將濁水溪本流束堤，讓濁水溪固定於
現今的河道，不再四處漫流。除此，也進行嘉南大圳的水利工程建設，使農
業利用價值不高的浮覆地，開始具備初步的生產條件，這也是當初閩南人始
料未及的。

## （二）光復後的拓墾

有些北客在光復後才遷來，因落腳所在地不同，在墾耕的經驗上與遭遇
也不一樣，比起日治時期的拓墾情況，仍有一些明顯落差現象。由於多數的
溪埔地已開發殆盡，想耕種者只能藉由他人的讓渡或轉租。但是光復初期，
有些地區雖已開發，卻隨著日本人的離去，土地呈現廢耕無人管理狀態，那

〔註41〕承勞仔－siinˇloˇeˋ，客語是當工人或夥計之類的工作。
〔註42〕「風吹牛鼻頭」－形容溪埔地貧瘠，農作物種植困難。

時期剛遷來的北客，得知有此土地，運氣好的人，隨即進入接收開墾，平白的免費擁有土地。據光復第二年從苗栗銅鑼搬來，今年八十二歲胡先生說：剛光復時，因為時局亂，只要自家去開墾就毋使錢，比我早來都不用錢買。祖父在日治時就已搬到二林的黃先生說：日本移民徙走後，𠊎等正搬來這，二林風煞大，這所在較無風。因此有些人逢此機運，接收了不少土地。

### 1、贌田耕種

有些北客因在桃竹苗時，原租土地的佃租較高，生產不夠納租，有些是因地主較刻薄，若不討好或巴結的話，會臨時吊租，田就不給耕，而轉佃給他人。倘遇此種佃主，只能轉移陣地另尋他處。其實這種狀況哪裡都一樣，既使南遷此地也有相同情況發生。住在林北村八十一歲的張女士說：不時愛送雞仔無就鴨仔分田主，分佢好印象，佢正會將田繼續租你，田主係無歡喜，就毋分你耕。七十八歲黃先生也說：來這贌耕，歇頭家屋，做租面聘，係無好嘴，頭家毋分你做，就毋分你贌，過年過節愛送閹雞分頭家。其實要佃耕土地，也有其辛酸處，須看地主臉色，只要地主不高興，下一季的種作可能隨時換人；因此，佃農除了要納租之外，還要送些食物或禮物攏絡地主，才能持續贌佃自己辛苦弓攏起來的土地。這對於佃耕者而言，無疑是雪上加霜，為了要討好地主，原本經濟能力已屬弱勢，還要增加額外的負擔，因此他們常說：來這耕田，贌佃對半分；窮人無志氣，志氣無哪去。可見這些話表達了他們多麼無奈的心境。

### 2、以地易地

也有經濟能力較好的，他們原本在桃竹苗地區有田產，聽聞中南部的土地較便宜，差額很大，相較於桃竹苗地區便宜許多，因此以地換地，賣掉北部田產，以相同金額來此買更多的土地。林北村的張女士說：聽吾爸講，以前邸竹東內灣山頂崎，朋友介紹，帶一副本錢下來。同村的黃先生說：來這較闊耕，苗栗賣三分田，來這做得買一甲田；但係較窮苦个客家人搬來這只能傭工過日，抑係向福佬人个地主贌田耕種。還有一位輾轉從屏東搬來的謝先生說：在苗栗賣三甲田，到萬丹買七甲田。由此可見當時台灣南部與北部的經濟及土地價值上的落差很大，桃竹苗地區雖屬丘陵地，地質亦劣於中南部，且生產價值不高，然台灣重要的政府機關都集中設立於北部，桃竹苗在其周邊成為衛星城市，地價亦隨著提高。也有其他生意人，聽聞此地還有許多土地未開發，便來此買地開墾。從竹北搬來，住在烏塗村的曾先生說：

> 吾公做生理，做中醫、把脈、賣青草，聽人講這有當多土地好開墾，
> 就先下來買田，光復後民國 35 年，歸家人做盡徙下來。

除此，經濟能力好的大戶，還會請工人弓田，另一報導人黃先生說：

> 爲到愛弓加一些田，弓三甲零，每日請六十零僑人捧手，差毋多做
> 三隻月。起石入泥，分班做，男仔工一日 12 個銀，自家帶飯包，淨
> 準備茶水、畚箕、鑊頭。賣著个錢，堵好種菸仔三甲六、三支煙囪
> 焙收成个錢。

這是少數有經濟能力的大戶人家才可以爲之，對於多數無田產的一般北客而
言，是遙不可及的。據林北村的村民說，北部有謝姓及劉姓兩大戶人家賣掉
祖產遷來此，後因土地放領，子孫都搬離此地。光復第二年來自於新竹新埔，
今年七十八歲的蔡先生說：

> 爲了下來買放領个土地，新竹賣忒來這買一甲零，來這無水，全部
> 旱田，盡艱苦，一分地割幾百斤，收入少，賣無錢。當時來這無電，
> 都點番仔油。

對傳言與想像中的樣貌，總讓人有一個美好的願景藍圖，但真正面對現實，
才發覺落差的迷失，甚至想轉移陣地，另尋他處。

## （三）土地改革

光復後國民政府遷台，接受美國麥克阿瑟的建議及美援的協助，實施土
地改革計畫，於民國 42 年（1953）實施耕者有其田政策，推動公地放領及三
七五減租。耕者有其田這項政策是爲讓當時貧困的佃農，不再受地主的剝削，
而能擁有屬於自己的耕地，在有土斯有財的觀念下，佃農才會更加努力從事
農業生產，並可提高佃農的所得和生活水準。四歲由苗栗三湖南遷莿桐六合
村今年八十四歲的張先生說：搬來這都做佃農，目前還有三七五个佃租，記
得苗栗大湖法雲寺有六甲地在此分人佃租。八十歲的田先生說：來這一開始
都係佃農，放領个土地當少，有兜田主會放領，有兜人毋肯。至於大地主林
文欽的土地，村民說因三七五租約條例之後，所剩無幾，後來賣掉土地到水
里坑〔註43〕開糖廠。

當時國民政府公佈實施三七五租約，很多地主都不清楚條例內容，只是
被通知開會，就糊裡糊塗的蓋章同意。田先生說：

> 國民政府時代，厓有放領到部份个土地，三七五放領時在西螺，辦

---

〔註43〕水里坑－現在的南投縣的「水里」。

> 公室都係人，地主乜搞毋清楚麼个係三七五，但係土地就恁呢分佃
> 農放領走咧。

若以目前來講，這種三七五租約是違憲的，三七五租約最早的用意是將農地的耕作權，以低廉的租金給佃農耕作，地主空有所有權，卻無法使用或收回其土地，地主除非經過佃農同意，方能終止三七五租約，方能收回或買賣其土地。但這種條例與先前日治時期與光復初年所敘述的案例，大相逕庭，因三七五條例的用意，主要是保護佃農的權益，但日治時期卻是保障地主權益，由地主個人喜好來決定租權，並無保護佃農的實質權益。

　　光復後的國民政府實施土地改革之後，一向靠贌耕的佃農才能走出貧農的困境，住六合村今年七十四歲的鄭先生說：

> 𠊎等頭擺邸苗栗南庄个田尾，後來徙到麥寮，𠊎在麥寮出世，嬰兒
> 仔時節，五、六個月就徙過來莿桐。𠊎讀饒平國小，係光復後中華
> 民國第一期个。光復後生活正有進步，讀書時節愛拈蔗尾分牛仔食，
> 窮苦人家無法度，頭過土地都係業主个。好得有三七五，現在正有
> 自家个田。

三七五租約及耕者有其田的土地改革，主要目的就是要消滅大地主，不再讓地主們坐擁土地不事生產而有租金的收入，要讓大多數的貧苦佃農有翻身的機會。這項政策確實讓南遷的北客，除了生活逐漸改善之外，並且可以擁有自己的土地，否則當佃農是很難買得起土地的。

## （四）特殊案例

### 1、政治壓迫

　　從田調的訪談中，北客南遷的案例幾乎大同小異，都因生活困苦，食指浩繁，不得不離開原居地，轉移他鄉謀生。然而有一特殊的案例與政治牽扯上關係。有位報導人很感傷的說：

> 記得吾爸以前有同𠊎講過：「會徙下來係因為被國民黨打壓，因為蔣
> 介石下背个官員，愛𠊎用十萬銀買蔣介石寫个「禮義廉恥」四隻大
> 字个牌匾，𠊎毋肯，就不時來搜工廠，逐禮拜來查帳，尋麻煩，係
> 無𠊎个工廠開啊好好，做麼个愛徙下來？該下一百斤穀正五、六十
> 銀，十萬銀可買 200 牛車个穀仔，約 20 萬斤燥穀，可買數甲土地。
> 當時係有二十萬銀就係富豪，愛國獎券頭獎也係二十萬銀。故所，𠊎
> 就無愛開工廠咧，情願搬下來耕田。」唉！就係恁呢，係無𠊎等在

都市肚飲啊好好，你有需要徙下來。

台灣光復後，國民政府接收台灣時，爲了要鞏固經濟，藉由種種理由與方式，巧立名目，進行掠奪民間的財產，尤其是經商者或是一般的店家，致使他們畏懼政府的欺壓，寧可放棄辛苦建立起來的基業，毫不眷戀的選擇離開，不願受迫害。報導人還說，當時他父親爲了能盡快脫離每天被騷擾的噩夢，將土地及房產以半賣半送的方式抛售。更感嘆的說，那時若沒有搬下來，還在原鄉老家的話，現在就不用這麼辛苦，因老家現已變成都市的精華區，地價好幾十億。回顧歷史的移民經驗，都是因民生上的經濟壓力所迫而遷徙，以尋覓新天地來改善生活，少有從都市搬遷到鄉下僻壤從事耕種的，這是非常特殊的案例。

### 2、逃兵及勞務奉公

日治時期昭和 12 年（1937）民國 26 年，七七盧溝橋事變發生之後，台灣總督府，便藉口處於戰時緊急狀況，頻頻徵調臺籍軍伕、通譯、護士、海軍工員及學徒，分別派往中國大陸及南洋戰場，或派駐台灣各地之後方，從事防衛，軍事工程及軍事生產等工作。昭和 19 年（1944 年）民國 33 年，爲彌補兵員的不足，將「志願兵制度」，改爲實施「徵兵制度」，強迫各地居民編組爲「勞務奉公隊」，派往台灣各軍事工程據點，作無報酬之「奉仕作業」。〔註44〕因此在這批北客移民中，有些人怕被徵調當兵或作無報酬的奉仕勞務而逃離的。住六合村的曾先生說：阿伯逃兵先下來，有了土地正喊佢等下來。祖父時代就南遷后里四崁頂八十七歲的徐先生說：日本時代，日本人愛尋人做勞務，又愛做兵，村長毋使做兵，村長比巡佐較大。阿公驚到，就摒親家公共下搬來。驚分人喊去作勞務。由於日治後期正值中日戰爭，爲強化日本在太平洋戰爭中的實力，將台灣規劃爲日本南進作戰的基地，需要台灣大量的人力及物力支援。

## 第四節　聚落人口的形成

關於雲林縣的人口、戶數及地名，最早有紀錄的，應是光緒 20 年所編的《雲林縣采訪冊》時留下的，其他的並無官方的正式統計資料。直至日治時期日人爲方便統治台灣，於明治 38 年（1905）才開始進行戶口普查，總

---

〔註44〕陳水源，《台灣歷史的軌跡（下）》（台中市：晨星出版社，2000），頁 426～427。

共舉辦七次戶口調查，依序爲第一次明治 38 年（1905），第二次大正 4 年
（1915），第三次大正 9 年（1920），第四次大正 14 年（1925），第五次昭和
6 年（1931），第六次昭和 11 年（1936），第七次昭和 16 年（1941），前兩次
稱爲「臨時台灣戶口調查」，後五次則改稱爲「國勢調查」。目前戶政單位所
留存的日治時期戶籍資料，就是當時所做的調查結果，最早的記載推至明治
38 年（1905），最晚到民國 32 年（1943）。〔註45〕這些戶口普查及國勢調查
的人口和戶數登錄資料，也是本研究所要探討的「北客南遷」所有人口數據
的重要依據。

　　日治時期雲林縣的行政區域隸屬台南府，分爲三郡爲斗六郡、虎尾郡、
北港郡，林北村及刺桐鄉都是斗六郡的轄區範圍。早在清朝時，這三郡的人
口大多來自大陸，分閩、客兩大系，閩南省籍多數是泉州、漳州二府，少數
是來自於福州、興化各府，屬於客家籍者，則多數來自潮州府、嘉應、惠州、
汀州。〔註46〕日人接收台灣之後，爲延續族群的分類，於登記戶口時，將臺
灣人的省籍登記入籍，閩南人登記爲「福」、客家人登記爲「廣」、平埔族登
記爲「熟番」、原住民登記爲「生番」，來自於日本的國民登記爲「內地」，來
自於中國其他省份的登記爲「清」或「支」。本資料的人口數據調查，就是以
當時登錄「廣」籍者的現籍資料爲主。

## 一、日治時期的遷徙人口

　　移民本身對於移居地的選擇性與不確定性，是促使移墾社會中人群頻頻
遷移的重要因素。北客移民一旦離鄉背景進入移居地，對當地的自然環境與
社會不熟悉，欠缺認同感與地緣意識，對於定居地點較能就其需求來選擇，
或是暫居下來，如遇稍強的遷移誘因，可能隨即轉換地點遷移他去，直到找
到理想地點才安居下來。〔註47〕日治時期在大批北客移民潮中，有些經過多
次的遷徙才定居下來，也有來來去去再返回此地，也有少數因適應不良而轉
回原居地。北客移民從桃竹苗的丘陵地遷移到濁水溪的平原地，由客語區進

---

〔註45〕張曉芳，《雲林縣發展史：人口與住民》（雲林：雲林縣政府，1997），頁 3～
　　　　29。

〔註46〕王君華，《雲林縣志稿：人民志氏族篇》（雲林縣文獻委員會，1978），頁 18
　　　　～19。

〔註47〕蔡淵洯，〈清代台灣的移墾社會〉《台灣社會與文化變遷》，（台北：中央研究
　　　　院民族研究所，1886），頁 52。

入到閩南語區，語言的隔閡，也常造成不便與磨擦，不同人群之間的調適問題，也是造成移民再次遷徙的另一項因素。

　　根據戶政資料顯示，日治時期客家移民此地的戶數及人口統計（表3-1），林內鄉的移民戶數高達 255 戶，移民人口總數約 1714 人，莿桐鄉的移民戶數有 58 戶，移民人口總數約 627 人。另因種種因素輾轉遷徙的，林內鄉二次移民的約有 43 戶，三次移民的有 61 戶，四次移民的有 25 戶，五次移民的有 3 戶，轉回原居地的有 5 戶；莿桐鄉二次移民的約有 14 戶，三次移民的有 7 戶，四次移民的有 12 戶，五次移民的有 2 戶，轉回原居地的有 1 戶，見（圖表3-1）。

表3-1　北客再次移民林內鄉及刺桐鄉的人口戶數及遷徙次數

| 鄉鎮 ＼ 移民次數 | 總戶數 | 總人口數 | 二次 | 三次 | 四次 | 五次 | 轉回 |
|---|---|---|---|---|---|---|---|
| 林內鄉 | 255 | 1714 | 43 | 61 | 25 | 3 | 5 |
| 莿桐鄉 | 58 | 627 | 14 | 7 | 12 | 2 | 1 |

資料來源：林內鄉、莿桐鄉戶政事務所

就兩鄉遷徙戶的遷移次數加總計算，幾乎是總移民戶數的一半，由此可見北客對於濁水溪浮覆地的拓墾，雖期待很深，但因初期的拓墾並不容易，能眞正留下來的並不多，有些半途離去，有些寧可再遷徙他處，不願待在此處，還有一些遷往他處之後，認爲此地還是比較好再折返回來的，僅有少數適應不良轉回原鄉的。從數據上來看這兩鄉的移民戶數相差懸殊，遷徙次數也有比例的差異。

表3-2　北客移民前的原居地

| 遷徙地 ＼ 原居地戶數 | 桃園 | 新竹 | 苗栗 | 台中 | 彰化 | 其他地區 |
|---|---|---|---|---|---|---|
| 林內鄉 | 29 | 87 | 78 | 33 | 16 | 12 |
| 莿桐鄉 | 14 | 16 | 10 | 6 | 4 | 21 |

以上資料來源：林內鄉、莿桐鄉戶政事務所

　　原居地的遷徙戶數，來自於桃園地區－林內鄉 29 戶、莿桐鄉 14 戶，新竹地區－林內鄉 87 戶、莿桐鄉 16 戶，苗栗地區－林內鄉 78 戶、莿桐鄉 10

戶，台中地區－林內鄉 33 戶、莿桐鄉 6 戶，彰化地區－林內鄉 16 戶、莿桐鄉 4 戶，其他地區－林內鄉 12 戶、莿桐鄉 21 戶。由上面（表 3-1、3-2）的數據顯示，林內鄉與莿桐鄉的客家移民戶數與人口差很多，尤其是來自於新竹與苗栗地區的移民特別多，桃園與台中地區次之，彰化與其他地區也有少數。且由上表可以清楚的看出林內鄉原居地的遷徙人口，以新竹地區最多，苗栗次之，但相差僅 9 戶而已。來自於其它地區者，受限於當時戶籍資料的在地性記載，因此無法得知其之前是否為一再遷移的情況。

　　為易於分析每個時代的北客南遷移民量，特將日治時期所登錄的戶籍資料，劃分為四個階段（見圖表 3-3），第一階段是明治 6 年到 27 年（1873～1894），第二階段是明治 28 年到 44 年（1895～1911），第三階段是大正元年至 14 年（1912～1925），第四階段昭和元年至 19 年（1926～1944）。其中第一階段仍屬於清朝時期的遷移戶數，僅有林內鄉的 13 戶，莿桐鄉則無；第二階段是從日人開始統治台灣時，林內鄉有 17 戶，莿桐鄉僅有 1 戶；第三階段是大正年間，林內鄉有 67 戶，莿桐鄉 11 戶；第四階段是昭和年間，林內鄉有 144 戶，莿桐鄉有 45 戶。從這些數據大抵可以看出林內鄉早在清朝時期就有北客遷來，直到第三階段的大正年間才有更大量的遷移戶數，這種驟增四倍的移民數量，可能與當時鐵路縱貫線的開通有關。

表 3-3　北客南遷年代

| 遷徙年代〔鄉鎮戶數〕 | 萬延元年～27 年（1860～1894） | 明治 28 年～44 年（1895～1911） | 大正元年～14 年（1912～1925） | 昭和元年～19 年（1926～1944） |
|---|---|---|---|---|
| 林內鄉 | 13 | 17 | 67 | 144 |
| 莿桐鄉 | 0 | 1 | 11 | 45 |

資料來源：林內鄉、莿桐鄉戶政事務所

　　1904 年日本人完成基隆到高雄的西部鐵路，並於 1908 年正式通車，1923 年完成宜蘭及花東線的東部鐵路，開通了台灣鐵道新史頁。鐵路的貫通讓桃竹苗地區許多無土地耕作者直接受惠，利用鐵路的運輸網輕易地探查台灣各地的未開發土地。當時北部的客家人，有了便利性的火車交通工具之後，隨即四處探尋，林內鄉正好設有火車站，又有濁水溪畔的大片耕地待開發，在有水、有地又有便利的交通之下，自然能吸引北客的青睞；因此，在鐵路開

通後，也就是大正末年開始至昭和年間，隨即出現大量的移民潮。但以當時林內鄉的北客移民人口與莿桐鄉的移民人口相較之下落差很大，不但量少且遷徙年代也比較遲，大多於日治末期和台灣光復後，才有移民陸續遷入。據所調查資料顯示，北客最早移入林內鄉的年代是萬延元年（1860），應為清咸豐 10 年就已經有移民南遷的紀錄。而莿桐鄉的北客最早移入的年代是在大正3 年（1914），兩鄉客家人遷入時間相差五十年左右，因此從下列數據可以看出兩鄉遷徙年代的落差。

表 3-4　日治時期北客南遷的家戶人口總數分析

| 人口戶　家戶人口數 | 1～5人 | 6～10人 | 11～15人 | 16～20人 | 21～25人 | 26～30人 | 31～35人 | 36～40人 |
|---|---|---|---|---|---|---|---|---|
| 林內鄉 | 125 | 69 | 46 | 16 | 3 | 0 | 0 | 0 |
| 莿桐鄉 | 4 | 26 | 10 | 5 | 3 | 1 | 1 | 1 |

（資料來源：林內鄉、莿桐鄉戶政事務所）

　　北客在家族的遷徙過程中，有些是個人先單獨前往找地開發，一兩年之後若是適應良好，再回原居地將家人全部移居過來，有些已經先做好事先的訪查及評估之後，以小家庭方式的父母及兒女們一同，也有三代同堂的祖父母及兒孫輩們，還有整個家族全部搬遷的。本研究將訪查資料作統計分析，從一戶 1 人到 38 人的龐大人口數，以級距的方式，將五個人口數作一個距點分級計算（見圖 3-4），林內鄉每戶 1～5 人的有 125 戶、莿桐鄉僅 4 戶，林內鄉每戶 6～10 人的有 69 戶、莿桐鄉 26 戶，林內鄉每戶 11～15 人的有46 戶、莿桐鄉 10 戶，林內鄉每戶 16～20 人的有 16 戶、莿桐鄉 5 戶，林內鄉每戶 21～25 人的有 3 戶、莿桐鄉 3 戶，林內鄉每戶 26～30 人的有 0 戶、莿桐鄉 1 戶，林內鄉每戶 31～35 人的有 0 戶、莿桐鄉 1 戶，林內鄉每戶 36～40 人的有 0 戶、莿桐鄉僅 1 戶。從這些數據顯示出林內鄉的個別戶特別多，達一百多戶，而莿桐鄉則是以 6～10 的單系小家庭較多；〔註48〕20～25 人的戶數，兩鄉都一樣只有三戶；26 人以上的戶數，只有在莿桐鄉出現。從這些數據與筆者的訪查可以互相對照，的確在林內鄉並沒有大家族的伙房，而在

〔註48〕以前生兒育女多順其自然，因而子女數普遍在五至十個左右，故六至十個人的家庭人口數，可算為小家庭。

莿桐鄉就有三座大伙房的三合院建築。由此可知大家族因人口眾多,除了需要大量的食糧之外,必須選擇腹地較廣的平原區來耕種。

根據日治時期的戶口資料再加上田調的走訪,確實印證了這些人口遷徙再遷徙的實例,這也讓當地人認為客家人非常喜好搬家的既定印象。事實上並非客家人喜好遷徙,而是外在環境因素使然,迫於無奈之下的抉擇。

據莿桐鄉六合村長張枝參先生的了解,現居六合村北客人數大約 200 多人左右,田姓家族就約一百位左右,姜姓人家目前五代同堂共住,目前六合村的北客來自苗栗地區的比較多。至於林內鄉林北村的客家人口數,據非常了解社區成員的黃秀雲理事長說法,林北村的客家人約有 900 人左右,其中來自桃園新竹的約六成,來自苗栗的約四成。

## 二、聚居型態

居住是人類的本性和基本需求,這種聚居型態如同一種小團體,是屬於典型的初級社會團體現象,彼此以非正式的關係來往,舉凡生活、工作、安全、經驗、情緒等等,都可以將生活上的經驗互相融合成一種高度的認同感,並藉由情感聯繫的共識,開展互助合作成為一種生命共同體,讓大家在生活所需及精神層面上得到支持。因此,當這批移民陸續遷來之後,大抵都集中在濁水溪南岸的浮覆地,就近建立簡單的住屋,不論認識與不認識,只要來自於桃竹苗地區都視為同鄉客,大家聚居在一處,可以互相照顧,久而久之,漸漸的形成聚落。

除此,移墾社會的人口也是形成聚落的重要因素,包括人口的增加,男女比率,家庭成員,移入移出人口的變數等等,都是形成聚落人口的成因。聚落的形成,最重要的是水源及產業的發展,若要形成都市或重要集散地,除了本身要具有重要交通樞紐之外,還要有充足的產業條件。早期聚落的發生地點,通常以容易得到水源之處為優先選擇,因過去居民多以農業維生,臨河除了容易得水源外,還須有廣大的平疇沃野的考量。在農業社會,大部分的人口依賴土地維生,客家人早期多從事務農,屬於單一的生存結構方式很難改變,既使移民他處亦然。日治時期北客南遷至雲林地區,就是相中此地的濁水溪及寬廣的嘉南平原,雖然早期遍地荒涼多為石礫地,但是習於務農模式的他們,目標是要脫離貧困及改變生活,盼能增加可耕地範圍,不再如桃竹苗地區的那種耕地受限無法增加產能的境況。移居此地只要地價低

廉，有地可耕，安全無虞，取水容易，既使偏鄉僻壤土地貧瘠亦無所謂。

## （一）集村與散村

　　林北村位於林內鄉東北角落，東邊靠近山區，北臨濁水溪，氣候涼爽濕潤，水源充足，不但適宜農耕，更適宜人們居住，在地點、氣候及地理環境上的條件均屬優良。早期北客移民爲了便於土地開墾以及安全的考量，多是以團體開發的方式拓墾土地；盡量將住屋集中，雖然彼此沒有親屬或血緣關係，但是住在一起就能凝聚力量，不但日常生活中可以彼此照應，農事上也可以互助交工，這種社會化的過程，最後就形成集村型的聚落。日治時期到臺灣光復初期的北客移民，遷徙於此的濁水溪畔一號、二號、三號等水門附近開墾，聚集在林北村形成聚居型態，雖然名爲集村形式，但事實上的林北村，卻是由觸口、玉蘭花、鉛片厝、彭厝等幾個小聚落集結而成。

　　莿桐鄉六合村是典型的農村地區，聚落型態與林北村正好相反，屬於散村型態有些住戶散居於鄉間農田裡。六合村位於莿桐鄉的東南邊，與林內鄉接壤，早期也是石礫遍佈地，但因平原廣闊，對於農業墾殖較能集中，只要利用人爲方式改變土壤性質，將原有的砂石撿除，亦可改良成土質良好的可耕地適合農作物生產。早期此區雖屬石礫地，農民必須開發埤圳或挖探水井來從事耕種，後來嘉南大圳完成引濁水溪灌溉，沉積的砂土改良土壤之後更適合農耕，又因水利方便及寬廣的平原地形，因此有些耕地較多的移民爲了方便耕作，就在農地中央蓋屋居住，由於北客彼此認識，也隨著在自己的農田裡建屋，成了一種「單家園屋」的形式，漸漸的形成散村聚落。人類都喜群居生活，在動物的世界裡亦同，常可看到群鳥飛行，牛羊群的集體行動都是屬於團體行爲，有其共同的特質及集體認同的社會系統。這兩區不同的聚落型態，同屬雲林縣，同爲南遷的北客，但兩村的「共天各世界」，卻爲集村與散村的聚落團體做了最佳的註解。

　　一般聚落型態分爲集村及散村，兩者之間屬於具有連續變化的同一現象，區別僅在各類民居之數量多寡不同。一般而言，規模較小的人口居住點稱爲散村，人口居住規模較大的稱爲集村。林內鄉的林北村是屬於集村型的聚落，莿桐鄉六合村是屬於散村式的聚落。但同屬於濁水溪流域的浮覆地，爲何聚落型態會有如此差別？筆者實際走訪當地，兩地相距僅八公里而已，卻發現許多自然環境的不同，在氣候環境及地質土壤也有明顯的差別，此種差異性也間接的影響了聚落的型態。聚落在發展初期所形成的集村與散村現

象，通常與一地的開發方式密切相關；但初期形態，卻可能因環境的差異，在日後的發展中更加確定或有所轉變。

## （二）大家族的生活概況

客家人早期屬於農業社會，被稱為典型的「農耕民族」，[註49]由於農耕社會的工作非常繁雜，需耗費較多人力及時間，所有的農田事務多由家族成員合分工合作完成，很少另外花錢雇工來幫傭，因此形成了大家族共同生活的慣例。大家族成員少者二十幾人，多者六、七十人，有三代同堂的，四代同堂的。北客南遷的移民，多數家族攜家帶眷或是整個大家族一起遷徙。因此當這些龐大的家族移民到濁水溪南岸拓墾時，必須尋找較多的土地來耕種，才能平衡家族成員的勞動力及維持全家大小的生計。

### 1、田家與「吃飯要敲鐘，飯桶掛車輪」

田家與張家都是日治時期從苗栗三湖一起南遷，都在雲林縣內輾轉遷徙了數次才在此定居下來，是本研究南遷北客中兩個最大的家族。位於莿桐鄉六合村的田家，就是非常典型的大家族，家族成員共有七十人左右，據八十一歲的田源錦先生說：

> 俚等民國20零年徙下來，吾爸三兄弟三子嫂，屋家無財無產，吾爸三兄弟摎隔壁个張家共下下來，三代人邸共下，下來第二年俚正出世。正下來該央時都賺田耕，同幾下个頭家賺田，耕盡多，都做佃農，下後有放領到一些土地，吾爸該央時毋曉得，故所正放領到一些土地，曉得个人，就去變更三七五，有兜人三七五買了盡多土地。頭擺盡有錢个盡有錢，無錢个苦啊會死。吾屋家係大家庭食飯愛五、六張桌，大家共下坐桌食，男仔人摎婦人家分開坐，無分上下輩，係坐毋落就輪流食飯，煮飯愛用大鑊頭，米心透吔再撈起來用大飯甑蒸，福佬人不時會笑講：喔！田家大戶人家，「吃飯要敲鐘，飯桶掛車輪」。人多食飯就多。光復後正有恁多人食飯，因為屋家耕十過甲，俚等都無去同人做工。

田家在北客移民中，算是最大的家族，不但人口多，耕地多，房子也多，這在當時的農村是數一數二的大家族，雖然他們當初來此只是佃耕，並沒有屬於自己的土地，但憑著家族的向心力共同努力、煞猛打拚，公地放領時雖然

---

〔註49〕張維安，〈台灣客家族群經濟的社會學分析〉《台灣客家族群史——產經篇》（南投：台灣省文獻會，2000），頁38。

買了一些土地，但因每天日出而作日落而息與田爲伍，又因贌耕的田主好幾位，再者甚少參與外界事務與人際交往，訊息不足的情形下錯失了不少買田的時機。田家雖然不是當地最富裕的家族，但是只要提到「吃飯要敲鐘，飯桶掛車輪」，大家都知道是田姓人家的代號，也是閩客族群之間首屈一指的大戶人家，更是北客南遷家族人口繁衍最多的一戶，是當地北客的指標。由於從事農業已無經濟利潤可言，現在子孫大多外移他處另立門戶，空蕩蕩的庭院，現在僅剩二個房族的老人家住守大伙房屋。

### 2、張家的大伙房

另一大伙房張家離田家一百公尺遠，於日治時期和田家一起南遷的，也是大家族約有四、五十人，一進四連棟的橫屋，目前還住著好幾戶。來自苗栗三湖八十三歲的張先生說：

> 在北部賺無食，乜毋知做麼个會徙下來，來這做佃農，目前還有三七五佃租。該下歸家人全部徙下來，阿婆、阿爸、阿姆、倕、阿叔兩公婆同三個細人仔，還有吾餔娘（猺孲仔攬來做花屯女），一共十個人。
>
> 以前耕十過甲，薛田愛先拈石頭，用三隻牛仔，阿爸同阿叔還有阿哥一儕駛一隻牛仔，該下薛禾種甘蔗，當艱苦，盡驚風搓。民國五十年正有鐵牛仔，八馬力定定，現在个鐵牛仔都有一百零馬力，又做得坐在上面，加盡自然。

另一位七十六歲同伙房的堂兄弟張阿煥先生說：

> 吾伯兩個傜仔，吾爸五個傜仔，大家共下歇、共下做，一年搬四擺，無哪好過年，以前賺水毋到來食，講起來異見笑。

張家日治時期南遷時的家族人口共有十位，到後來人口數達到四、五十位，是僅次於田家的大伙房，這是早期的客家傳統，也是大家庭凝聚力的一種共識使然。然而終究還是要樹大分枝，才能讓宗族繼續繁衍下去。田家是南遷的第二代與第三代同時分家，也就是說父叔輩分家時個人所分得的財產，再同時均分給自己的兒子。而張家的分家方式不同於田家，一次僅第二代父執輩分家而已，七、八年後再讓第三代分家。因此目前張家伙房還住著叔姪輩共五戶人家，雖然年紀都已近七、八十歲，都還固守著老家，仍然下田從事農作。

圖 3-3　張家伙房正廳

圖 3-4　田家伙房圍屋

一般客家傳統上的分家模式，土地財產僅分給兒子，女兒是沒份的，因為女兒是嫁出去的，兒子是要傳宗接代繼承香火的。因此這種分家方式就是非常典型的重男輕女觀念，然而現今憲法，女兒和兒子卻同樣享有財產繼承權，和以前農業社會的觀念已不大一樣。

### 3、勞動的客家婦女

婦女嫁入大家庭之後，除了生兒育女之外，還必須平均分擔許多事情，包括家事及田事。原本是虎尾人閩籍，出生才兩個多月就被抱去當童養媳，今年七十三歲的周女士說：

> 佢歇在大家庭裡肚，子嫂愛輪煮，平常時一儕煮三日，較多人就煮

> 兩日，屋家有四、五十儕人，愛四、五張桌來食飯，坐四角桌仔，
> 係坐毋落，細人仔飯添添啊菜挾挾啊，就兜去邊脣个矮楯頭坐著食。
> 煮飯愛煮斗零米，還愛攎蕃薯仔，日本時代種个米愛繳出去，好得
> 自家有種米，正有米好食。初一、十五有買肉氣拜門口拜伯公，拜
> 忒做菜，平常時都煮自家種个菜，食毋忒就核去賣。做婦人家盡無
> 閒，暗晡頭轉夜身洗好个人，愛食个就先食。逐日愛攎草結燒火，
> 毋使核水食，先挖一個孔，透濁水溪个水入來昇停腳，再用破析个
> 竹笐接水轉來煮。係無輪煮个人就愛去田垺仔做事。

客家族群以父系社會爲主，所有的社會活動都由男性主導，婦女平時除了要
和家族成員一起下田工作之外，還要擔負生兒育女的任務，以及繁雜的家務
如煮飯、打掃、洗衣、種菜、養豬、養雞鴨，經常忙到三更半夜才就寢，於
是家庭就成爲婦女的活動範圍。在那屬於移墾社會的時代裡，許多荒地待開
發，因此不少婦女須跟隨男性參與拓墾的工作，尤其是客家婦女。

　　客家婦女必須下田參與農事工作，其來有自，清代漢人社會中，傳統的
價值觀認爲婦女要纏足，並且以小爲美，並認爲女人想要嫁好尪婿就要纏小
腳，尤其以漳、泉爲甚。筆者檢視日治時期的戶籍資料時，可明顯看出纏足
的多爲閩籍婦女，而客家婦女大都不纏足。閩籍婦女因纏足行動不便，較少
從事粗活或下田工作，與客家婦女形成強烈的對比，這種纏足觀念延續到日
治時期才逐漸廢除。

### 4、童養媳

　　以前客家人多有童養媳的觀念，〔註 50〕既使自己有生女兒，也是出養給
別人，再另抱別人的女兒來養，當童養媳或養女，不管家貧或富裕的家庭都
一樣，總認爲女兒早晚都是別人的，不如早一點先送給別人，再領養別人的
女孩，畢竟不是自己親生的女兒會比較聽話，還可幫忙做家事，長大了還可
當媳婦，可以省略一筆聘金，在那個時代似乎成了一種例規。訪談張家時得
知周女士就是這樣的案例，她就是張阿煥先生的童養媳：

> 倕係虎尾福佬人，兩隻零月就分人做細心白仔，阿爸阿姆對倕毋會

---

〔註50〕「童養媳」是指撫養異姓的幼女，待其長大達到適婚年齡之後再與兒子婚配，
　　　　俗稱童養媳、苗媳、小媳婦，閩南話稱「媳婦仔」，客家話稱「花屯女」。自
　　　　小就必須離開她的原生家庭到另一個陌生家庭，有些是僅出生幾個月，有些
　　　　是兩、三歲不等，通常是不超過十二、三歲。

另眼看待，同其他个兄弟姐妹共樣，共樣愛做事，二十歲正送作堆。
早期台灣的婚姻論財，娶媳婦要耗費很多，貧困人家往往沒錢，亦無能力籌
錢，在無法如期完婚的情形下，就以此抱養異姓幼女方式來家中撫養，一方
面可免愁憂聘金之事，再者又可幫忙料理家務，一舉兩得。因此這種所謂的
「童養媳」之風，從清代一直延續至民國 20 年代左右。〔註51〕

另一種是結婚兩三年後仍未生育，就去抱養一個強褓中的小孩，期望這
個小孩能為養父母促孕而帶來新生兒，客家人稱這種領養方式為「嘍寶」。
〔註52〕這種方式有其效果，因此早期許多不孕的父母多藉由這種「嘍寶」
方式，達到傳宗接代目的，而這種風氣也行之有年。田家另一位兄長的妻子
便是此例：吾餔娘係養女，佢係苗栗公館人，嬰兒時節分人做養女，徙下來
後正嫁過來。透過訪談可以瞭解傳統社會在醫學未發達的年代裡，總會尋找
合理的解釋方式，來做某種傳宗接代的心理安慰。

## 三、遷徙再遷徙

閩南人常笑稱「客人貓仔徙竇」，「客家人最會走，屋子裝車輪搬來搬去」，
「客家人較會徙屋，做無食就搬厝」。許多客家耆老也常自我調侃「客家人像
鳥仔樣，哪有好食，就飛到哪」，「客家人盡會走，略略仔賺無食就走」，「客
家人賺無食就換位，無財無產賺食吔定定」。北客當初選擇南來，主要是農墾
性的遷移，目的在於設法取得土地資源之外，還要能夠達到足以溫飽的生產
條件，若無法達此基本目標，只好再遷徙。八十八歲耆老吳泉妹女士說：

　　日本時代來這，無讀書，愛做事，這位係河壩埔愛拈石頭開墾，這
　　係林文欽个田（嘉義福佬人），瞨田種，有兜人在這搭位仔耕無食就
　　搬走咧！流動性盡大。

移民來此的北客，除了必須面對困境之外，還要尋求更好的生活，才符合當
初離鄉背景的目的。

### （一）遠距的遷徙

頻繁的再遷徙令人厭煩，但是為了生存，既使在交通不便的情形下，也

---

〔註51〕謝惠如，〈以《清代台灣婦女的生活》審視「客家女性」的社會地位〉《客家
　　　　河源與天下客家——第二十三屆世界客屬懇親大會》（哈爾濱：黑龍江人民出
　　　　版社，2010），頁 161。
〔註52〕「嘍寶」leu deu，指抱養的小孩有起帶頭作用，可以呼朋引伴，召來兄弟姐
　　　　妹之意。

要跨廳跨縣遷徙，哪怕是路途遙遠，就是為了改變環境。日治時期移民的遷徙情況都不一樣，有坐火車的，有坐牛車的。住莿桐鄉六合村八十七歲徐先生說：

> 日本大正 13 年（1924），𠊎還係嬰兒仔分吾姆揇著，全家對台中縣后里鄉四崁頂，搬到雲林縣虎尾鎮惠來溪埔寮，再搬到虎尾鎮過溪，七歲該年（1931）最後搬到這。福佬人講：「客家人搬厝蓋像鳥仔徙巢，一個所在做無食就徙位唎。」這跡位𠊎等還無來以前，已經走忒一陣人賺無食个客家人唎。該時節因為客家人輒常貓徙竇，故所福佬人个妹仔都無愛嫁分客家人。

今年八十七歲的徐先生，是和前述的張先生兩戶人家一起南遷的，他也說道：

> 𠊎等原旦歇三義，出世正三個月，就搬到后里四崁頂，再搬到惠來厝溪埔寮，因為該會浸水，又搬到虎尾過溪，後來正搬來這落著。

〔註53〕

光復後才搬來，今年七十歲，住同村的謝長森先生說：

> 民國44年徙到屏東萬丹，該下𠊎正 10 歲，因為該會浸水，民國54年再徙來這芎蕉腳。

光復前也是從苗栗遷徙多次到林北村的七十六歲劉先生說：

> 𠊎在苗栗出世，二、三歲搬去嘉義濫仔，四、五歲搬去水里，七、八歲再搬去名間，十六歲時才搬來這所在。

另一位八十一歲，從二林嫁過來的陳女士說：

> 還細時節邸新竹，徙到竹山社寮，購八甲零土地，因為發大水，一暗晡就沖淨淨唎，吾爸無法度，只好去二林尋大阿伯，撈人做工、做長年，𠊎嫁過後再徙去北斗，現下娘家在北斗。

林北村現年八十三歲的黃先生說：

> 𠊎等日本時代，從苗栗老田寮徙到二林，再徙到中埔吳鳳廟，又徙到水上，最後徙到這。當初會南來，係人窮苦正會想變，窮苦吧就想走。

早期父祖輩從新竹搬到彰化北斗再搬來莿桐，今年七十八歲邱先生說：

> 𠊎在北斗出世，人家介紹西螺田盡闊，𠊎等就過來西螺弓河壩田，像貓仔徙竇樣。

---

〔註53〕落著－log cog，客語稱定居。

住林北村來自苗栗大湖八十八歲的吳女士說：

客家人較會徙屋，做無食就徙位。吾頭家佢等以前徙來這，做毋到來食，想徙去台中潭子去種甘蔗會較好無，下後種無食又再徙下來。

在「適者生存」的意義中，說明了「人爲的選擇」就是按照人們對自己最有利、最需要的結果做了「選擇」。這種選擇的對與錯，關係著未來生存條件與後代的繁衍。依據達爾文對於「生存競爭」的引申是：「因爲出生者眾，能生存者寡，生存競爭乃是必然之事，有時是某一種生物與同族生物相爭，有時是與異族生物相爭，也有時是與生存的環境鬥爭」。〔註 54〕

### （二）近距的遷徙

有些人受限於經濟能力，僅能就近尋覓，僅在鄰鄉或鄰村做近距離搬遷，無法做遠距的遷徙。住在林北村，來自桃園楊梅今年八十八歲的高先生說：

𠊎等正搬來个時節，已經走忒一緣人咧！屋仔攏起好吔。十過歲徙下來，上背無田正徙下來林內，來這大部分耕別人个田，耕無食就換位，今下已經定下來，無再徙位咧！

另一位八十三歲住莿桐六合村，原住苗栗三湖的張先生說：

𠊎四歲從苗栗三湖徙來，最先徙在過溪仔，後來會浸水再搬到虎尾，讀到四年生十一歲時搬到六支煙焙五百甲圳脣，因爲八七水災，又再搬來這。

今年八十歲，住張家隔壁，同是苗栗三湖來的田先生說：

吾公、吾爸摎張家共下下來，先搬到虎尾，阿叔佢等過慢下來，𠊎來這第二年正出世。

原住竹東芎林，在日治時期輾轉遷徙到林北村，今年七十六歲的湯先生說：

𠊎等對竹東搬到嘉義大林，徙來徙去，𠊎六個姐妹在五個地方出生，二歲才搬來林內。

早期從苗栗竹南南庄田尾先搬到麥寮海邊，後來再轉居莿桐六合村，現年八十歲的鄭先生說：

吾爸兩兄弟，屋家無錢阿叔先跈人下來到麥寮个海脣，吾爸後來正搬來共下歇。無錢買田都贌田耕，海口風飛沙大，泥肉淺，種蕃薯種地豆，當艱苦，搬來這正過好。頭到客人盡會走，海口賺無食就徙走。頭擺徙屋个時節，核煵鑼个核煵鑼，擎犁耙碌碡个擎犁耙碌

〔註 54〕宋光宇編譯，《人類學導論》（台北：桂冠圖書，1977），頁 29～30。

磚，牽牛个牽牛仔，東西毋盼得攉忒，就核等走。

北客們到哪裡，都不會輕易放棄或丟掉謀生的用具，無論是廚房的鍋碗湯瓢，或是犁田墾耕使用的的農具，全部都跟著人走。有經濟能力者請車載，經濟能力差者，只好靠雙腳走。八十歲的黃老太太提起當時搬家情形，從麥寮走到現址的六合村，大概要一整天的時間，從早上五、六點出發到下午四、五點才到達。「遷徙」，若是單身一人較無食宿上的問題，若是攜家帶眷或舉家遷移，就必須考慮食糧及農具問題。的確這和他們南來之前的憧憬，有極大的落差，理想中認爲遷徙地應是符合自己的期待，實際上卻是事與願違。由於外在的生存環境時時刻刻都在改變，而能夠在改變的環境中適應者，才有機會繼續生存。所以高齡八十八歲的耆老高先生很感嘆的說，他十幾歲搬來這裡的時候，此地早已經搬走了一批人，有些人搬到花蓮去。誠如李得福先生在客語鄉土文學《錢有角》一書中的篇目：「千年田八百主」，說明了有千年的土地，卻沒有永遠的地主，土地還在，人不一定存在，人來人往，水來水去，就是生存環境改變的最好驗證。

# 第五節　從事的產業活動

## 一、農作生產條件

適宜農作物的生長地點，除了氣候、緯度、雨量、土壤肥沃度，還要有足夠的空間。雲林縣位於台灣西方的中南部，在嘉南平原最北端，十分之九爲平原，十分之一爲山地，屬亞熱帶型氣候，年均溫攝氏 22.6 度，年均雨量 1028.9 毫米。〔註55〕本縣位於台灣中部北回歸線附近，氣候適中，對於一般

圖 3-5　六合村早期墾拓的印記－石頭田埂

---

〔註55〕雲林縣政府全球資訊網站。

農作物的生長極為有利之外，也是非常適宜人類居住，因此許多北客選擇在此落腳生根。

日治時期濁水溪流域南北兩岸的浮覆地，具備了上述五分之四的優渥條件，住林北村的吳女士說：以前這兜所在个土地，係河壩埔愛拮石頭開墾，引濁水過後就變烏泥。因為近山較燒暖，又恬風。雖然初期的浮覆地均為石礫地，但因濁水溪流域常年可帶來大量的黏板岩

圖3-6　中秋節田頭要插三支香及金紙拜伯公

砂泥，富含有機質，只要放引濁水入田，覆蓋原本粗糙的砂石地，亦可變成肥沃良田。冬天又因位於山地與平原交接處，氣候暖活，不若濁水溪下游的風強沙多，種植不易，因此北客多選擇在此聚居耕種。

林內鄉與莿桐鄉屬雲林農業大縣的鄉鎮之一，目前的產業多以稻米為主，雜糧作物次之。雖然屬於農業縣，但其地理環境也因位置的差異，而顯現不同的產業概況，以林內及莿桐兩鄉為例，雖是隔鄰的鄉鎮，但卻顯現不同的產業風貌。唯一相同的是，在田野中的稻田旁常可看見插著一支竹子，上頭剖夾著三支香及一小疊金紙，閩人稱為「土地公柺」，[註56] 客家人稱「伯公金」。這種「土地公柺」在高屏地區幾乎看不到。

## 一、從事的產業

雲林地區在漢人未入墾前，當地原住民的平埔族是以耕作及狩獵為主。荷蘭人治臺期間，引進了耕牛及犁、鋤，改進了農耕的技術及效率，相當程度的拓展了米糖的種植與產製。後來的鄭氏王朝時期也以稻作為主，清朝初期的米糖相剋，高拱乾提出的諭示，呼籲農民眾不要搶種甘蔗，否則米糖的

---

〔註56〕土地公柺：一般農民相信在「八月半」時，田裡插上「土地公柺」，土地公夜半時會拄著拐杖巡田，並保佑農作物收成好。

生產會不均。清末倪贊元在《雲林縣采訪冊》中亦提及雲林縣的產業經濟有：稻、糯米、地瓜、花生、甘蔗、蔬菜⋯⋯等物產。由此可知米糖從荷治時期開始，一直都是農產經濟的大宗。日治時期，為發展「工業日本、農業台灣」開始進行土地調查之後，濁水溪廣大的浮覆地便是當時發展農業的首要之區，而農業的灌溉便是水利建設。由於當時嘉南平原缺乏水資源，農地多為石礫的不毛之地，常逢天旱雨災，農耕僅靠「看天田」。因此總督府於大正元年（1912）開始進行護岸工程，讓濁水溪固定於現今的河道，除此，也進行嘉南大圳的水利工程建設，兼具排水、灌溉、疏洪功能，使農業利用價值不高的浮覆地，開始具備初步的生產條件。但有些地區因石礫太多種植不易，雖有地主卻沒人願意承租任其荒廢。

## （一）莿桐鄉六合村的產業概況

### 1、日治時期的米糖產業

拓墾初期的河川石礫地，若水源不足，又無法引進濁水的話，僅能種植一些旱作類的農作。根據文獻記載從明治 31 年（1898）戊戌大水災之後，濁水溪畔所形成的浮覆地，需長期引進濁水，讓濁水夾帶的烏泥沉澱之後，才能將此浮覆地改良為可種植稻米的水田。此種反覆沉澱式的土地改良並非一朝一夕可成，需靠濁水溪水長時間所帶來的黏質土的累積才能達成。移民拓墾初期，除了選擇適切的地點之外，還需配合當地的自然環境與社會資源的使用。北客們除了墾殖經驗互相切磋之外，種植農作物的種類也幾乎相同，故初期多種植旱作的蕃薯、花生、甘蔗，後來嘉南大圳完成後，引進濁水溪水分隔林內鄉與莿桐鄉為兩邊的濁幹線，改良了土地之後，水稻種植面積增加，且於種稻時留縫先植蔗栽，以縮短稻作收成後的甘蔗收成期。住六合村今年八十歲的田源錦先生說：

> 正來虎尾時節無水，種燥作番薯、地豆，徙來這較有水正蒔禾，乜係看天田。還有種甘蔗繳分會社，早季蒔田留一縫種甘蔗。係愛種甘蔗，蒔田時愛用竹篙蒔，一支竹篙三個人蒔，兩邊留一排，四、五行禾頭留一行，留一縫裹甘蔗，若係種蕃薯就毋使留，禾仔割忒後再翻土，將甘蔗上土。割禾忒時節將背囊做砧板揹穀包。

> 日本人較嚴，現下係強欺弱。戰爭時欠米糧，自家種个穀愛繳出去，耕種人較毋會欠食，米都囥在眠床底下，庄下較毋會來調查，街項較會。該下非常時期，屋家係有鐵窗都會俾剝下來，係有較多菜刀

乜會俾沒收，戰爭時愛用鐵仔做原料。

六合村八十四歲的張阿清老先生說：

> 以前攏蒔田、種甘蔗，日本時代種甘蔗愛載去虎尾會社製糖，戰爭飛機炸虎尾糖廠時，烏煙幾阿丈高。該下自家耕田、蒔禾，做到會死，食又愛偷食；米愛偷食，𠊎等个穀都偷囥在禾稈肚，煮來食都燒禾稈，日本人會拿尖插搜查，煮飯愛攞蕃薯，日本人會來搞飯盆頭。為了愛製作齋米个，暗晡頭愛請師傅來偷做，用竹仔同黃泥做像醃缸圓圓樣仔，後來正有石頭礱，較大戶人家愛用牛仔來拖。

　　日治末期，因逢戰亂，政府實施「戰時經濟統制政策」，嚴控民生物質，即使是自家生產的米糧也不能光明正大食用，必須偷偷摸摸的偷藏於稻草堆或挖坑埋藏。巡查們也常不定時的到民戶以尖叉搜尋，或是翻鍋倒桶，因此無法吃到全白米飯，每餐的飯食僅能多加蕃薯來增加飽足感。

　　六合村今年八十歲的鄭先生說：

> 當初對苗栗竹南徙到麥寮，因為海口風飛沙大，泥淺種毋到來食，當艱苦。後來尋到這，來這蒔禾，冬下膏蕃薯，種甘蔗繳會社，隨在佢磅。

原住新竹竹北的斗崙，昭和 7 年（1932）先搬到芎蕉腳，再搬到嘉南大圳支流濁幹線旁，現年七十八歲獨居的曾先生說：

> 歇新竹時屋家个財產分阿伯了忒，阿爸正徙下來這贌田耕。𠊎下來這出世，現下還在耕田。這位舊底就係良田，故所蒔禾同種甘蔗，還有甲過地。

以上報導人的敘述不但說明了有些土地雖然在同區段，卻因位距水源地點的差異，顯現出土質良窳的差別。日治時期他們從事的產業都差不多，幾乎是稻米與甘蔗這兩類為大宗，其次是雜作。報導人也道出了戰爭及時政的關係，生活的艱辛需靠自己辛勤打拚，勤於農耕做得要命，但是自己種的稻米，卻要以偷吃的方式來溫飽，情何以堪。北客們雖受限於大時代環境的掣肘，但他們仍然能夠堅忍的節衣縮食來度過這非常時期。

### 2、光復後的甘蔗及香蕉產業

　　日治時期雖然困苦，卻無法阻擋移民想改變的心情。光復後由於日本人的離去，又形成另一波的移民人潮，光復那年從苗栗頭屋搬來的邱先生說：

> 自家無財產同人贌耕，光復後分地主討轉去，𠊎姊丈歇斗六閹豬个，

介紹𠊎等來。來這瞨人家个土地，𠊎等瞨第二地主，最先二甲零無人愛耕，就拿到來耕，緊耕緊闊，蒔禾、種甘蔗都有。

從苗栗都市南遷屏東萬丹，於民國 54 年再遷於此的謝先生說：

來這蒔禾、種弓蕉，正來該年禾仔都無收，因為東片山會出燒風，堵好堵著禾仔出穗，都變有穀。

會徙來這，係因為在萬丹種弓蕉銷日本，因為弓蕉價市好，土地緊漲價，想愛再尋過便宜過闊个土地來種弓蕉。該下在萬丹一分地，來這做得買二、三分地；故所將屏東个土地賣忒來這買九甲零，連屋仔都無錢好起，種七甲零弓蕉，淨用竹仔搭鉛皮暫時歇，想等弓蕉收成有錢時，正來起屋仔。哪知第二年弓蕉會收成時節，分風搓吹橫淨淨，只好再種等第二年。種七甲零地个弓蕉有一萬零頭，分風搓吹橫剩三百零頭。該下無名仔交弓蕉，都用別人个名仔（合作社會員代表），弓蕉一穗串交一百銀，𠊎等正得到五十個銀，這個人食恁多錢，現在乜了淨淨。

會選擇在這「砲地」邊脣，係因為這較便宜也較集中，以前阿兵哥演習个時節，暗晡頭會在屋簷下、禾埕項打地鋪睡目。正搬來个前十年，阿兵哥在這演習時節，難免會影響𠊎等个生活，會造成盡多無方便，久吔就慣習咧。在這買田都分福佬人笑：「憨客仔，石頭埔買遮貴」，當時買一分地萬二銀，一甲地十二萬，帶一百萬銀在這林內莿桐買九甲零，在二林買五甲零。在林內這個砲地福佬人認為一

圖 3-7　阿兵哥在砲地演習

分地正七、八千銀就買得到。當時來買个時節，𠊎還在做兵，都係吾爸做主，若係自家可以作主，當初在萬丹幫浦寮个甲過地留下來耕就好，就毋使搬上來。

謝先生的父親當時所買的土地，正好位於林內鄉與莿桐鄉交界處，也是國軍田中砲兵基地在濁水溪南岸演習區的砲兵陣地旁，當地人認為石礫地難種植農作

物，又位於砲地旁，經常有演
習的砲擊聲，無人願意墾耕而
荒棄。報導人之父得知此地有
大片土地無人耕種，地價又便
宜，雖是滿地遍佈大大小小的
石頭，仍認為撿到便宜，毫不
猶豫的買下來。後來得知當地
人的取笑之後，才發覺地主因
知道外地人來購買，故意提高
價格，就一分地而言，與當地

圖 3-8　南岸 4 號砲陣地

的地價足足差了四、五千元。在那個年代，這個數目是很大的，但是對於曾
從商者，且因當時香蕉價格很好，只要土地多種植香蕉，既使土地買貴了也
不以為意，還是可以賺回來。

　　光復前台灣為日本的殖民地，被日本人視為內地，由於日本地處寒帶，不
能栽種日本稱為水果之王的香蕉，只好每年大量從台灣進口香蕉。當時台灣的
香蕉可直接運輸到日本，且免關稅，故可獲得極高的利潤，使得台灣的香蕉在
1930 年代左右，成為香蕉盛產的黃金時期。後因二次世界大戰爆發，香蕉的生
產和運銷開始受到影響，逐漸走下坡，直到戰後才慢慢恢復。光復後從 1961
年到 1968 年是台灣香蕉的另一高峰期，香蕉的出口值佔外銷的八分之一，佔日
本進口香蕉市場的百分之八十以上。因此北客移民在此區域所種植的農作，除
了種植稻米、甘蔗、蔬菜、雜糧之外，香蕉也是因應趨勢的經濟作物之一。

## （二）林內鄉林北村的產業

### 1、日治時期及光復後稻米、甘蔗及菸葉的種植

　　林北村的土壤及氣候與隔鄉的六合村略為不同，由於林北村地處林內鄉
的西北角，東接林內山，又有濁水溪與支流清水溪在此匯流，濁水溪沿著圍
繞全村的堤防西流，極具風光水色的人文地理環境。日治時期未建堤防前，
北客們選擇此地拓墾，有其上述緣由。住在林北村今年八十八歲的吳女士說：

> 𠊎八歲對苗栗竹篙屋徙來這鐵路脣，十二歲再徙來鉛片屋，日本時
> 代耕這河壩地，耕林文欽个田，佢係嘉義福佬人，向佢瞨田耕。這
> 位攏係河壩地，愛拈石頭開墾來種蕃薯，別人抔忒無愛个蕃薯田，𠊎

等會去拈蕃薯菇。〔註57〕

才出生四十天就從中壢搬到彰化北斗，今年八十九歲的徐女士說：

> 佢正四十日就對中壢徙到北斗，吾頭家原旦歇台中東勢，徙到大林，
> 下後再徙來這，最先歇穿鑿屋，過來正歇鉛皮屋。這位土質較多鳥
> 泥，適合種禾仔，莿桐西螺係砂石地，較毋會藏水，適合種菜。

民國 42 年從苗栗公館南遷鳥塗村，現年七十歲的張先生說：

> 吾爸三兄弟，加起來一共二十個人，吾爸同阿叔兩兄弟在民國三十
> 八年對苗栗公館徙到高雄小港，一個還留在北部，民國四十年吾爸
> 先徙來來這。當初在山崀頂贌田耕做無食。後來在苗栗焗香茅賺個
> 錢，正來這買土地，這位天旱無水，種蕃薯、甘蔗、米。這係斗六
> 大圳灌溉，實際係嘉南大圳，本但無水，經過陳情正有水。食用水
> 用濁水溪個水沉腳，差毋多愛歸半日正用得。這兜土地愛引三年個
> 濁水正有辦法種禾。種個蕃薯賣分阿兵哥，大條個愛，細條毋愛。
> 還有種製糖個甘蔗。

原居桃園中壢現住林北村，今年八十七歲的高先生說：

> 這位土質個關係，大部分種菸仔，家家戶戶都有菸寮，種菸仔較多
> 工。毋故收入較好，這所在个人大部分都有種菸仔。

原居苗栗老田寮，昭和 9 年（1934）遷移彰化二林，再遷嘉義中埔、吳鳳、
水上，現住林北村八十三歲的黃老先生說：

> 日治時代吂作河埧，正搬來都係石頭河壩埔，愛用尖尖个掘仔去挖，
> 再搣一呎泥深，泥土愛用買个，用牛車車來，淨靠人力無辦法。四
> 兄弟在這耕種愛兩條牛仔，一共耕十甲，蒔兩季禾仔一季菸仔，菸
> 仔種五、六甲。四兄弟四子嫂，一個人煮一禮拜，大家都愛做事。
> 種菸仔盡無閒，愛打菸耳、斷心、摘菸皮。菸仔摘起來愛焙以前，
> 先用棉線對菸葉頭背骨一葉一葉穿線，再拿入去菸寮焙。焙菸仔愛
> 一禮拜，燒柴仔，去山項尋牛眼樹、相思樹來燒，暗晡頭愛掌等，
> 溫度較慢愛三日三夜。摘菸仔人手少用換工，多出个人工愛貼錢，
> 日本時代無點心，蒔禾个穀愛供出去，隨在佢等（日政府）。菸仔種
> 吔幾啊十年，這兩年正無種，附近還有人種，差毋多有三、四甲田。

昭和 8 年（1933）從竹東芎林遷移南投埔里，再搬到嘉義大林，又搬到林北

---

〔註57〕「拈蕃薯菇」，蕃薯田採收後廢耕，再長出苗來，拿鋤頭挖掘稱「拈蕃薯菇」。

村，今年七十六歲的湯先生說：

> 偃等六姐妹，五個地方出生，二歲時節搬來這，叔伯兄弟先來，後
> 來介紹偃等搬來。來這瞨田蒔禾仔、種菸仔，該下日本時代，租一
> 甲冬愛六車穀仔，等於六千斤穀。日本時代開始種菸仔，大量栽種，
> 到民國九十一年正分公賣局收回，現在一甲冬正做得種分六定定，
> 菸廠剩到屏東、嘉義、台中、花蓮四個廠。

> 日治時代時局無好，生活毋係異好，有親戚先徙過去花蓮，講該
> 土地盡闊，還有當多地方好開拓。吾公本來想愛徙去花蓮，原本
> 个東西全部都賣忒，包括土地同屋仔。去花蓮愛坐船仔，等船期
> 時節，堵好六、七月仔風搓來，花蓮該片親戚講：「你等毋莫過來
> 哩，這片个風搓毋係用吹的，係用扭个，故所正無過去，留在這
> 林北村」。

對於其他地區多數農民都以稻米為主要的農作生產，唯有林北村的菸葉種植
是屬於主要農作，以種稻米為副，不若其他地區種菸為一種兼作的心態。這
歸功於此地不但有良好氣候，也有鬆軟的土質沙地，烘培好的菸葉色澤漂
亮。因此，菸草變成為此地北客經濟收入的最佳來源。

　　當地耆老共同的說法是，來這裡的客家人有賺到錢的都是種菸葉起家，
客家人要翻身就要種菸葉。日治時期北客剛到此地時，幾乎都是種蕃薯、種
稻米，後來種菸葉之後才開始賺錢。昭和 7 年（1932），總督府公布「菸草
耕作獎勵規程」，提供資金補助菸農種植黃色種菸草；專賣局在 1937 年公布
菸草試耕地，發放「菸牌」的菸農才可以種菸。在這樣契作的保證下，菸農
免於市場價格的波動，且有穩定的收入。光復後，國民政府接收日本專賣局
改制成公賣局，由於價格平穩，生產的菸葉優良，收入也比稻米來得好，賣
一甲菸葉的金額可以再買一甲地，也有賣七百斤菸葉可買一台裁縫機，可見
當時菸葉的經濟價值很高，因此菸農們持續種植，也蓋有菸樓。種菸人家都
會彼此照顧，以換工方式來互相幫忙，菸葉收成時期，七天有四天要挑菸葉，
晚上還要收菸葉，否則溫度過高或烘焙過渡會影響價格。雖說這種日夜辛勤
的工作非常勞累，但因收入好大家也不以為苦。

　　菸農們不僅種植菸葉，也是兼種稻米，有所謂的「搶三冬、蒔兩冬」，
就是在一期稻作和二期稻作的中間作，七、八月稻穀收割後，開始種植菸草
直到第二年插秧之前採收菸葉，利用短短的數個月之內，再搶種另一種農作

物，稱之「搶三冬」。等於是利用稻田收割後的休耕期來種菸葉，一般多稱呼此時期爲「小季或小冬」，因期限不長，又値秋冬季節，其他地區也大都種些短期作物如豆類、蔬菜、綠肥等，故菸葉變成爲林北村民最重要的經濟收入。

圖3-9　林北村的稻田　　　　圖3-10　林北村的菸田

圖3-11　舊式菸樓　　　　　圖3-12　整修後的菸樓

　　菸葉從種植到採收，約需四個多月的時間，因此在稻谷未收成前，需先將種子撒播於陽光充足、灌漑便利、排水良好的砂質土壤的苗床，待一個月出苗後移植另一處，十五天之後再作第二次的移植，直接種到田裡（算好稻穀剛好收割完成），植株一個半月後，菸株進入青春期至菸葉成熟的採收期之前，要「打菸耳、斷心、摘菸皮」。需將長出的葉心折棄，一株菸草往往都經過七、八次斷心過程，僅留14～15片的葉子讓其長大，約莫至少四十五天過後，看菸葉生長情形來做判斷，以便了解採收期，若菸葉色澤還很綠則須延長時間，若已經漸漸轉黃，表示即將可以採收。

民國 75 年台灣加入 GATT，開始朝「貿易自由化」調整國內政策。隔年，政府「開放洋菸洋酒進口」，國產香菸的銷售量也開始下滑。隨著台灣對外貿易的拓展，公賣局開始大幅縮減菸草種植面積，以各種獎勵補償的政策，鼓勵菸農申請停種菸葉，民國 82 年提出獎勵菸農廢耕計劃。民國 91 年台灣加入 WTO 後，菸酒公賣局開始邁向民營化，改制為「台灣菸酒股份有限公司」，加速了本土菸業的凋零。至目前為止，僅有部分居民仍持續種植菸草，種植面積約為 92 多公頃，由於種植菸葉須有公賣局的許可證，因此目前林北村及隔鄰的林中村菸田很少，林北村的菸農僅剩幾戶而已。唯一可以見證當年家家戶戶種菸盛況的，就是早期的菸樓還留有二十三棟，其餘多改建成住屋。由此可見當地得天獨厚的土壤及氣候，讓渾然天成的自然環境，產出品質甚佳的菸葉，使得林北地區成為雲林縣境內相當重要的菸葉種植地。現在大多已轉種其他短期作物如：草莓、蔬菜、芋頭、紅甘蔗及水稻的種植，畢竟水稻還是農民的最愛，也是民生必需的基本糧食。

### 2、「林北卡好」社區文化產業

「林北卡好」若以台語發音，總會讓人一陣錯愕，是不是罵人的話。可是在這個名符其實的林北村，以「林北卡好」與人的感覺卻是倍及親切。由於此地的好山好水，幽靜純樸的鄉間，濃厚的人情味，以及曾經創造的菸葉奇蹟，就是最好的驗證。雲林縣社區產業文化協會的現任理事長黃秀雲女士，所主導的林北社區社造工作，就以「林北卡好」及「林北卡水」的有趣台語諧音突顯此地的另類宣傳效果，不但令人十分好奇，也想一窺其廬山真面目。

圖 3-13　「林北卡水」地標

林北村居民共 823 戶約 2,721 人多半聚居住頂庄，林北村總面積四點九一六平方公里。由於菸葉是雲林縣早期重要的經濟作物之一，尤其是林北村及林中村的菸葉品質

佳，因此從日治時期到光復後，林北村幾乎都是種植菸草，早期的盛況可從現在留存的菸樓即可看出，目前林北社區的菸樓尚存二十三座（完整十八座、殘缺五座）。根據記載，林北村最早建造的菸樓是在日治昭和十四年（西元 1939年）左右。從那年開始，到戰後的 1970～1980 年代，當地的菸草種植達到了頂峰，但是在 1987 年台灣開放外國的菸、酒進口之後，林北地區的菸草種植開始受到影響，逐年縮減了種菸許可面積，使得菸農必須放棄種菸，而轉種其他作物，伴隨著菸草種植產業轉型的結果是一棟棟菸樓被閒置。

社區產業本質上就是社區生活文化的展現，社區組織運用社區資源，讓社區發展從社會面向到經濟面向，使得社區能有更多的自主運作能力，進而實踐社區營造的共同價值。民國九十三年黃秀雲女士與社區的年輕人開始發起社區的文化保存運動，經由社區資源的調查及蒐集之後，以娘家所捐的舊菸樓設立「林北卡好客家文化生活館」，展示早期客家居民們的一些農具古物，供社區居民及社會民眾觀賞，讓下一代了解早期傳統的農業文化，並緬懷早期北客移民此地的歷程。

「林北卡好客家文化生活館」除了展示犁、耙、碌碡，鍋、碗、瓢、勺等農具之外，亦將許多過去農家的傳統生活面貌，透過社區資源的整合，讓大家藉由視覺的體驗，感受先民過去的努力與艱辛，也讓年輕一輩了解曾經在這塊土地上耕耘的過往。展現林北村居民共同的故事，以及北客移居及此地的鮮活標本。

圖 3-14　林北卡好客家社區　　圖 3-15　捐出菸樓的張有妹女
　　　　　　　　　　　　　　　　　　　　　士（中）黃秀雲理事長
　　　　　　　　　　　　　　　　　　　　　（左）與筆者 2010 年
　　　　　　　　　　　　　　　　　　　　　的合照

圖 3-16　烘乾成金黃色的菸葉　　圖 3-17　菸樓內部掛的小木桁

圖 3-18　風車及米籮　　　　　　圖 3-19　蒸籠、米篩、水瓢

圖 3-20　耙水田的鐵耙　　　　　圖 3-21　犁、耙、碌碡

圖 3-22　各式各樣農具

圖 3-23　農田碎土、分行、耙平
　　　　　等犁田農具

圖 3-24　搗粢粑的舂臼

圖 3-25　早期過河的救生浮筒

圖 3-26　將稻串甩除穀粒的覆桶

圖 3-27　推收稻穀的盪耙及秧
　　　　　苗籃

圖 3-28　飯缽、鍋、甕、罌　　　圖 3-29　斗笠、畚箕、竹籃

## 小　結

北客南遷的影響因素很多，除了山多田少，惡劣的地理環境之外，還有人口增加壓力，以及土地所有權的問題；日治時期新竹州的土地所有權多集中於少數地主手中，佃農所得偏低，又要繳納租金，佃農生活沒有保障，只好遷移他處。

桃竹苗樟樹砍罰殆盡，腦丁失業往南部尋找事業第二春，日治政府為了米及糖兩樣作物，在全台開墾農地，去新竹州招募許多貧農在各官營或私營農場墾地種稻及種甘蔗。天災及政策的影響加上鐵路通車，加速北客全省遷移。部份則移居莿桐鄉及林內

圖 3-30　早期引水灌溉的籠仔篙

鄉，以開墾濁水溪的浮覆地維生，經過數十年寒暑在此立業生根也融入在地的生活。

開墾河川砂礫地是非常艱辛的，北客們咬牙苦撐，終於等到日治政府築堤根絕水患，使農耕收成增多，穿鑿屋改建紅磚屋。1950 年代國民政府接著

實施公地放領、耕者有其田、三七五減租等對佃耕貧農有利的政策，使遷居於此的北客大部份擁有自己的農地，生活改善許多，有些水泥紅磚屋也改建二層或三層洋樓。

# 第四章 融入在地化的生活

## 第一節 在地的信仰

　　信仰可以使人們的心靈找到寄託和歸屬感。自古以來民間的宗教信仰，多為自然崇拜、庶物崇拜、靈魂崇拜之類的原始宗教，宗教具有肯定生命價值、安定社會人心，到了後代才有道教和佛教之類的多神教，全部都被包括進來，同時還受到儒教的影響。這些宗教和思想經過累積和混合之後，便成就了一個巨大的民間信仰體系。〔註1〕臺灣的信仰種類及活動繁多，因此寺廟和教堂便成為居民心靈所繫的中心，故一般民眾除了自由選擇信仰外，也尊重不同的信仰。

### 一、居家的崇拜信仰

　　遷居此地的北客移民，雖然受到外在移居環境的影響，在信仰及風俗方面或許有所改變，甚至入境隨俗的融入了當地的信仰模式，但其信仰的初衷仍舊未變。一般人都認為崇神敬祖應為「祖在堂，神在廟」的觀念，然而多數的北客卻在自家設置神明廳奉祀神明及祖先，且奉祀的神明都以畫像為主，神像包括了觀世音菩薩、關聖帝君、媽祖、伯公等等，隨著主家的信仰而定。以下列圖片來看民家的神明廳照片，雖然形式不一致，但奉祀的神祇對象大多雷同，從觀音菩薩、關聖帝君、媽祖及伯公的信仰，非常普及的深

---

〔註1〕渡邊欣雄著，周星譯，《漢族的民俗宗教》（台北：地景企業公司，2000），頁16。

入北客家庭。台灣崇拜的神祇雖是從中國大陸傳過來，但人們也不能免俗地總認爲有拜有保佑的情形下，在家自設神明廳供奉祭祀。這種居家奉祀神明的民間信仰模式，閩客家族群都有，此地的北客家族也不例外。

（一）關聖帝君

台灣地區奉祀關聖帝君，據「台灣省通志」記載，是始於延平郡王鄭成功。關公一般給人的印象是重情重義的一名武將，一生行事仁、義、禮、智、信五德具備，因此被視爲忠孝節義的象徵。民間對於關聖帝君的信仰，相信關帝有司命祿、佑科舉、治病除災、驅邪避惡、巡察冥司及招財進寶、庇護商賈等種種法力；所以民間各行各業、老幼婦孺對於「萬能神」的關聖帝君，無不崇敬在心，紛紛在自家設置神像頂禮膜拜。

圖 4-1　謝家神明廳

圖 4-2　張家神明廳

圖 4-3　邱家神明廳

圖 4-4　彭家神明廳

客家人祭拜關公，不但將其視爲萬能之神及正義之神，也視爲武財神；記得筆者於西元 1979 年，和先生一起搬到街上做青果批發生意時，公公就說：

「愛出去做生理，偓買一尊恩主公神像分你等安在店項，朝晨暗晡點香唱喏，做得保佑你大賺錢」，因為經商者無不希望經營的事業能生意興隆之外，還要日進斗金，才能賺進大把鈔票，這都需要有精明的理財生意頭腦。而民間相傳關公生前十分善於理財，長於會計業務，曾設筆計法，發明《日清簿》，傳說關公掛印封金之時，不但將曹操所贈金銀布帛全數留下之外，還用一本冊子詳細的將原、收、出、存四項記載清楚，因此後世商人將關羽公認為是會計專才，再者商人談生意作買賣，最重義氣和信用，而關公信義俱全，所以奉為商業神。從苗栗頭屋鄉老田寮（現改為明德村）搬到六合村，今年七十八歲的邱先生說：

> 苗栗人大部分拜恩主公、媽仔婆、帝爺公，〔註2〕還有奉祀阿公婆。
> 〔註3〕恩主公个畫像用畫个，有百過年咧！會奉祀恩主公，係因為吾爸以前在明德宮做鸞生，宮項主神係恩主公。故所吾爸帶偓等三兄弟下來這，就本本奉祀恩主公。

以上對恩主公信仰，可以了解大多數是源於家庭或是長輩的因素。對於關聖帝君的信仰已不限於某宗教，既列為國家祭祀要典，又是民間供奉的對象，更成為民間各行各業普遍信仰的神衹，這種現象在諸神崇拜信仰中是非常罕見的。

### （二）觀世音菩薩

「觀世音菩薩」又稱「觀音佛祖」，客家人稱「觀音娘」，在佛教諸多神衹中，最廣泛為信徒所景仰，尤其是客家人。筆者在田調過程中，發現此地北客家中的正廳，若有擺設神龕，必首推觀世音菩薩，且觀音娘的畫像一定在最上方，從【圖4-1、4-2】即可明顯看出。觀世音菩薩是台灣民間普遍敬仰崇拜的菩薩，圖像種類繁多，變化極大，但對所有的眾生一視同仁，觀音菩薩慈悲心廣大，如果有難，只要一心稱念「觀世音菩薩」名號，定會關照無遺前來救助，使之離苦得樂，故又稱「大慈大悲觀世音菩薩」，是佛教中最廣為人知的大菩薩。因此，客家人將能聞聲救苦的觀音娘安置家中，若遇家裡有突發狀況，可隨時祈求消災解厄逢凶化吉，當成定心丸也當心靈的急救站，俾使保佑家人的平安健康順遂。

---

〔註2〕帝爺公，就是民間所說的玄天上帝。
〔註3〕阿公婆，北客對祖先的尊稱。

## （三）媽　祖

在台灣「媽祖」是先民當初從唐山渡海過台灣時的守護神，因媽祖熟悉海象，祖先渡海來台時，面對險惡的黑水溝，多仰賴媽祖的庇祐，使祖先們能夠平安順利，因此媽祖信仰在閩客族群間，是一種通俗化的平民信仰。客家人對於媽祖的稱謂有不同說法，北客稱「媽仔婆」，南客稱「媽祖姑婆」，統稱「媽祖婆」。早期客家移民以簡陋的鐵殼船、木船（舢舨）冒生命危險到台灣謀生，那時有人寫下渡台悲歌，歌曰：「勸君切莫過台灣，台灣恰似鬼門關，千個人去無人轉，知生知死都是難……。﹝註4﹞說明了先祖移民遷台情況，危險程度如過鬼門關，因此藉由海神媽祖來庇祐，方能化險為夷，如願平安到達台灣；以當時的情境不但要面臨一個新的環境，還要歷經一個未知的大海，「媽祖」自然成為最重要的一個精神支柱。來台之後媽祖仍像是慈母般的照顧著每個生命、安撫著許許多多不安、無助的心，普渡眾生、濟世利人，人們為了感念其恩德，有建廟製像供奉，有在家奉祀神像祭拜。在此我們看到了北客們以「媽仔婆」當家神的通例，更理解到媽祖信仰已普遍深入一般家庭，成為台灣人最普遍信仰的神明之一。

## （四）伯　公

「伯公」也稱「福德正神」是客家人對土地公的暱稱，如同家中長輩一樣親切。客家人相信土地為萬物承載生養者，最親近的伯公，就是神界與人間溝通的銜接點；因此「伯公」在一般人的心目中，似乎無所不管，舉凡食、衣、住、行、育、樂等等，只要家中有任何事情，包括考試、出遠門、兒子當兵、家人的健康、家裡養的雞鴨牛羊或貓狗之類的，都會向伯公稟報，並祈求伯公的庇佑，伯公都會領受，來者不拒。伯公是人們心中的定心丸，也是平民化的神祇，不論士、農、工、商或是貧、賤、富、貴，祂都一視同仁，只要有所祈求，虔誠的雙手合十禮拜也可，不一定要拘泥形式，也不一定要點香拜拜。

在台灣的客家庄，居民們不論是對溪流、河水，或是居家田地的崇拜也很虔誠，在南部的六堆地區，每個村落的四周幾乎都有東柵伯公、西柵伯公、南柵伯公、北柵伯公的設置，每一個區段的田邊也會祭拜田頭伯公或田尾伯公，伯公廟附近的農家早晚都會拿著金香提著一小壺的神茶去拜伯公。比較大一點的橋邊會有橋頭伯公的小廟，拜橋神伯公的信仰似乎有河神崇拜的意

---

﹝註4﹞黃榮洛，《渡台悲歌》，（台北：臺原出版社，1989），頁24。

味，等於將伯公與河神的地位作連結，形成一種多元化的神祇崇拜，筆者住內埔鄉有龍頸溪伯公、田心溝伯公、大段坪伯公等，是屬於水神的崇拜。

　　林內鄉與莿桐鄉的伯公信仰模式就不太一樣，此地閩人較多，閩人的庄頭庄尾都是以祭拜「五營」居多，客家人則以拜「伯公」為主。因此在林內鄉林北村的伯公廟僅有一座，設立在鉛片厝的聚落裡，為附近居民的閒話家常中心，也是當地老人每天下午最好的聚會地點。莿桐鄉六合村的伯公廟，是當地的北客廖乞丐先生發起捐地所建，雖然佇立在田園中，平時少有人祭拜，卻是此地北客們平時的祈福祝禱之地。

圖4-5　林北村鉛片厝的伯公廟　　圖4-6　六合村的伯公廟

　　民間土地公也被視為財神與福神，因為民間相信「有土斯有財」，因此許多商家將土地公安奉為守護神，農家也奉為五穀豐登的守護神。除了上述諸多名稱的伯公之外，很多客家人也把伯公迎進家裡祭拜。因此，一般北客家庭的廳堂，奉祀的神像中多有供奉伯公，若家中神像沒有供奉伯公的，也會在每月的初一、十五，在家門前設香案、供品祭拜伯公。住六合村的周女士說：初一、十五拜伯公，在門口拜，拜忒做菜，平常都煮自家種个菜。由此可以看出居民在初一、十五祭拜伯公，有祈求保佑全家平安之外，還可因祭拜的魚肉，來補足平常僅食單一蔬菜不夠的營養，也藉由一個月兩次的祭拜，作為另一種加菜的藉口。

### （五）阿公婆

　　除了敬奉神明，也在廳堂設置祖先牌位一同供奉。為表虔誠之心，早上晨起時必先泡一壺「神茶」禮敬，傍晚農忙回家梳洗乾淨之後，再點以清香拜拜，以晨昏定省方式作為祭拜祖先及神明的例行常規，每天奉行不斷。而奉行此一行香禮拜者為家中長輩居多，鄉下農家務農，年輕人一大早必須趕

下田工作，年長者可較遲到田裡，或因年邁體衰無法從事粗重工作而留守家裡，因此敬奉禮茶拜神之事，不分性別，多由老人家爲之。住在莿桐六合村的葉女士說：每朝晨倕都會泡一壺神茶，洗茶杯仔、斟茶、點香唱喏後正食朝，暗晡頭淨點香定定，毋使斟神茶。這種簡易的禮拜模式，大多固定由一個人來做，偶而外出或不在家時，也會交代家人來遞補這項任務，絕不怠惰。

拜阿公婆，每天的清香及神茶之外，重要的民俗節慶日如過年的除夕及年初一、端午節、中元節、重陽節及婚喪喜慶時，通常還會準備三牲或五牲醴祭拜祖先，以示紀念。若遇奉祀的神明聖誕佳期日亦然，藉以聊表祝賀之意。八十八歲的范女士說：過年過節劇自家蓄个頭牲來拜，像閹雞、火雞、無就鵝仔、鴨仔，但係拜阿公婆愛用雞仔，做毋得用扁嘴个鵝仔、鴨仔。因此除了在自家祭拜之外，就連祭品的牲體也是自己所飼養。之所以會在家中祭拜，乃因北客移民多散居於田園中，在自家的廳堂敬神禮拜，簡便又不失誠意，拜完後的牲體可立即下廚做菜，省時又方便。近年來居家附近雖有新建的廟宇，居民也會去祭拜，然而他們仍然習慣在自家祭祀的方式。

## 二、自然神的崇拜

敬天崇祖是人類精神依附的一種最基本信仰，也是人類的共同普世價值。敬畏天地間的太陽、月亮、高山、河水等自然神祇，是直接見於自然物體本身的神祇。

### （一）太陽星君

早年客家族群崇拜太陽，稱爲「太陽星君」，太陽星君原爲自然神，古時稱日神或大明之神，亦稱太陽公。一般客家村莊的廟宇，會在太陽星君聖誕日（農曆三月十九日），除了準備鮮花果品虔誠祭拜之外，鸞生還要在廟宇的內殿虔誦經文祝壽。早期許多老人家，每天早晨會面向太陽虔誠誦經、吃早齋，就是源於這種太陽星君的崇拜。爲了加強崇敬信念，每天一大早太陽剛升起時，除了必須虔誠唸誦「太陽經」之外，還要天天吃早齋，以示誠敬之意，這種早齋就稱爲「太陽齋」。筆者的祖母及婆婆就是長年信仰太陽星君的信士，而在田調中的許多報導人，也多爲「太陽齋」的奉行者，雖不再持誦「太陽經」，但每天仍持之以恆吃早齋。今年八十八歲住在六合村的范女士說：倕從後生十過歲就跈爺哀食太陽齋到今，嫁人後做月仔也共樣食早齋，用麻油炒木耳抑係炒香菇食。由此可知，對年長者而言，信仰的堅持

未必要透過宗教儀式的祭儀或是金錢的捐獻，可以透過某種日常生活的實踐，來達到信仰的目的，這是客家族群對於大自然最簡易的信仰形式。

### （二）太陰星君

客家人每年在農曆八月十五日的中秋節也拜「太陰星君」，太陰星君又稱太陰娘娘，又稱「月神、太陰」，古時稱夜明之神。四、五十年前的農業社會，每逢八月中秋佳節的晚上，客家村常可看到部份人家準備小桌仔放在禾埕（晒穀場），桌上擺放中秋月餅和清茶，點燃香燭來祭拜月華（太陰星君）。民間信仰將太陰星君視爲嫦娥，代表美麗、善良及女性溫柔婉約的優美性格，大家都期盼能像祂一樣。因此，在中秋節太陰娘娘聖誕時，女信徒可以向太陰娘娘祈求長輩長壽、個人容顏美貌，嫁個如意郎君早生貴子等。筆者記得年幼時，每年中秋節祭拜月亮，長輩們都會告訴我們有關月亮上的陰影，是張果老在月宮砍樹的故事，只要斧頭砍入那棵樹，整個斧頭就會沒入樹身裏，若拔出斧頭，則樹身上剛被砍的斧痕，又會自動彌合；所以張果老在月宮砍樹幾千年，那棵樹到現在還沒有砍下來。因人類登陸月球而減低了人們對月亮神秘感，中秋節已很少有人祭拜。

### （三）七姑星

每年舊曆七月七日要拜七姑星（又稱七娘媽，實際上是：北斗七星），七姑星係契子才拜，當天晚上要準備小圓鏡、繡線、胭脂粉、香水，有些人家還會炒麻油雞祭拜；相傳七姑星是七姊妹，其中最小的妹妹（七星排列最後一星，離得較遠者），曾經下凡投胎生子，正在坐月子，才要炒麻油雞。但是煎甜粄拜女媧娘及拜七姑星的風俗，現在已經看不到了。唯有住在六合村的田先生說：*每年拜天穿、拜月華、拜七娘生係老輩傳下來个，故所還是愛拜。*民間信仰常隨著各地區的祖籍、開墾、神格、地方社會的差異而產生不同的信仰系統，雖然也會隨著入境隨俗而在地化，但仍持續保有傳統習俗者也大有人在。

### （四）山　神

長期住在山上的族群都會有崇敬山神的信仰，在廣闊的山區散居各山頭的客家人也不例外，面對安身立命的土地，表現出敬畏又愛護的心意。大陸地區有三山國王的信仰，就是對山神的信仰崇拜。黃榮洛的《渡台悲歌》中：台灣所在滅人山，台灣本是福建省，一半漳州一半泉，一半廣東人居住，一

半生番並熟番，生番住在山林內，專殺人頭帶入山，入到山中食粟酒，食酒唱歌喜歡歡……。由於臺灣的原住民有出草馘首的習俗，客家人的先祖認爲「三山國王」是「山神」，必定能夠制伏「番害」，因此移墾臺灣時，都會選擇「三山國王」作爲移居地的守護神。

　　早期客家人爲求移民順利平安，大部份都選擇三山國王、觀音娘、媽祖婆等三神的保佑，將香包或神像帶到移居地，在自家奉祀或在墾地建立簡單寺廟奉祀，祈求賜予平安順遂，並成爲移民的一種精神支撐力量。以前有人認爲「有三山國王廟的地方，必定有客家人」，然時代的變遷，許多有三山國王廟的地方並沒有客家人，而沒有三山國王廟的地方，也未必沒有客家人。三山國王的信仰，從大陸延伸到台灣地區，分布在台灣各縣市，有全省串連三山國王廟聯誼會的組織。此區的北客聚落卻沒有三山國王廟，也沒有媽祖廟及觀音廟的設立。據莿桐鄉六合村新興路八十六歲的徐先生所述：

> 日治時代倕做日本兵，美國空軍來轟炸時節，被調去山邊畜馬場做車輛掩體同防空壕，日本人毋信邪無拜山神，用牛肝石做个防空壕一直做毋起來，崩塌吔盡屬害，後來拿香向山神稟告後，就做好咧。
>
> 在山區做防空壕乜做毋得吹口哨，因爲口哨聲會引發邪氣，將會使完成个石壁崩塌；就同打炭个挖礦工人一樣，礦工在礦坑裡肚乜做毋得吹口哨个。

以上所述的事例，可以看出人類對於天地間的凡事萬物都有一種寄情作用，可藉由敬重尊仰轉化成無形的念力，使其因敬畏之心來得到某種能量的效果。因此，早期的先民只要面對山川、大河、日、月、星、辰等自然現象，都會存有敬天惜地的感念之心，深怕一不小心就會觸怒而遭其譴責。從近年各國頻頻發生天災地變，即可了解正是大自然的反撲寫照，就是因科技現代化所產生的後遺症，也是開發過度和弱化了應有的敬天惜地的概念所造成。

## 三、其他信仰、祭祀

### （一）義民爺

　　義民信仰是北部桃、竹、苗客家地區的重要民間信仰，源於祭拜清乾隆51年（1876），因林爽文事變，爲保衛鄉里而殉難的客家義民，他們的犧牲使桃竹苗客庄免去戰禍的荼毒。清帝爲表揚其忠勇保家衛鄉的精神，特頒『褒忠』二字表彰，使勇士們得到客家鄉親的感恩與疼惜，居民大家集資建廟早

晚膜拜以示尊崇。就早期的台灣民間信仰而言，義民爺應屬於有應公一系的鬼神崇拜，常名不見經傳的出現在台灣各地，落寞而荒涼，唯有位在新竹新埔鎮枋寮的「義民廟」最被突顯，每年農曆的七月二十日，有十五大庄隆重的輪值祭祀活動。

大部分客家人的信仰，在群聚的客庄不管是哪一位神聖都有凝聚團結住民的作用，對於神明的敬畏也能使社會上犯罪率降低，人們對於做人處事也害怕神明處罰而不敢胡作非為。這種無形的社會安定力量，在純樸的客庄發揮極大教化作用。

但是移居林內鄉、莿桐鄉的客家人，對於義民的信仰已經無法傳承。據羅肇錦（1998）言：當漳州客家人跟漳、泉州閩南人械鬥時，粵籍客家人因聽不懂漳州客家話，反而聯合漳、泉州閩南人共同對付漳州客家人，造成客家互相殘殺。〔註5〕六合村八十七歲的徐先生說：銅鑼同三叉河（三義）頭擺仔不時庄拼庄，客家人打客家人。南部高屏地區，在康熙60年（1721）也發生朱一貴之亂，客家十三大庄六十四小庄，在短時間內募集了一萬兩千多義民，鄉親組織義勇軍對抗，犧牲的義民神位，被供奉在西勢忠義祠，造就了六堆忠勇公信仰。

以上兩個比較大規模台灣南北閩客對抗的情形，使得閩南人總認為他們反對清朝的腐敗統治，揭竿而起抵抗暴政時，客家人都會組織義民軍協助清朝官方跟閩南叛軍為敵。因上述原因使義民爺信仰，無法在移居地閩南人佔多數處來設廟祭拜。筆者在林內、莿桐兩鄉田調時，沒有訪談到有拜義民爺令旗的農戶。雖離鄉背井數十年或百年以上，經過三、四代人的閩南不同禮俗的洗禮，許多信仰與禮俗漸漸地被同化改變中。在此的北客幾乎都說：倕等這無拜義民爺，故所無義民信仰。僅有一位來自苗栗西湖鄉，今年七十歲的張先生說：房頭內有兄弟出外時節會拜義民爺。關於義民信仰觀念，北客們因地域關係以及老一輩的凋零之下，已逐漸淡忘。

客家人沒能在移居地成立義民爺的信仰祭祀，除了上述因素之外，另一原因，就這兩鄉的北客居民，來自於新竹地區的移民並非居多數，因此無法和原鄉一樣成立義民爺的祭祀圈。

## （二）天穿日

「天穿日」這個名詞以前很少人會去關心，僅有新竹縣及台中縣東勢地

---

〔註5〕羅肇錦，《台灣客家族群史——語言篇》，（南投：台灣省文獻會，2000），頁109。

區的客家人，在每年農曆正月二十這天休假，休養生息來避免天穿地漏。據說是爲了紀念「女媧娘」煉石補天的典故而流傳下來，因而在桃竹苗地區有一些相關的俗諺如「有食無食總愛寮天穿」、「天穿無寮苦到死，天穿無寮做到死」、「有做無做，寮到天穿過」。有人說「天穿日」是客家人特有的日子，對於這個說法許多人並不認同，尤其是南部六堆地區。其實過天穿日除上述地區之外，其他地區並無天穿日的說詞，直到民國 100 年行政院客家委員會爲凸顯客家族群的地位，特將「天穿日」訂定爲「全國客家日」，天穿日的名稱才在一夕之間聲名大噪。

天穿日雖在北部客家傳統民俗信仰中仍然存在，但已不若早期的興盛，住在六合村八十四歲的張先生說：還細時節有做天穿日，煎甜粄捲起來拜。來自於苗栗三湖住同村的田先生說：每年都愛拜天穿，煎甜粄拜，較功夫个話加買糖仔拜。從新竹芎林搬到林北村的湯先生說：天穿日該日，煎甜粄愛捲起來拜天穿，現在過無拜咧。也是從新竹新埔遷徙來烏塗村，今年七十九歲的蔡先生說：

> 正月二十日有寮天穿，祖先傳下有賺無賺都愛寮天穿，天穿無寮會做到死个古訓，𠊎等都會記得。過年个甜粄愛留一些天穿日煎，煎个甜粄還愛捲起來，用圓盤放等，拿到廳下門口禾埕項，擺圓桌拜女媧娘娘，煎甜粄分女媧娘娘補天。

從報導人的敘述可以了解，台灣民間在天穿日這天煎年糕祭拜女媧娘的習俗，大概僅有新竹州地區，因此從訪談中也只有來自於新竹州地區的報導人，仍然會在天穿日這天祭拜女媧娘。傳統民俗信仰有其基本形式，但隨著時空的轉移，經過幾十年的遷居歲月，一旦移居他鄉之後，這種民俗祭日也逐漸式微了。

除了祭拜女媧娘之外，民間還有一項傳說，住六合村的謝長森先生說：相傳天穿日係小牛長大愛變牛條仔時，掛牛鼻簝環最好个日仔，天穿日簝牛鼻環較毋會滑鼻。早期的農業社會爲了從事農耕，家裡必須飼養牛隻來協助耕耘，因此若有出生不久的小牛，稍微長大之後必須先穿牛鼻掛環，待成熟漸長可以下田工作時，再藉由牛鼻掛環綁上繩索才可輕鬆駕馭。所以給小牛穿鼻的技巧及時機非常重要，馬虎不得，因此民間就留傳在天穿日這天來給小牛掛「牛鼻簝環」是最佳的日子。這項說法結合了天穿日的傳說與典故，雖不見得正確，但老祖宗們流傳下來的竅門一定有其合理的依據。

## （三）掛　紙

　　客家人稱掃墓爲「掛紙」，一年一度的掃墓，表示對祖先愼終追遠的感念。政府單位雖有明定清明節掃墓，但是客家族群卻有自訂的掛紙日，有別於其他族群；既使是客家人也有南北差異。桃竹苗地區的客家人大都在每年元宵節，舊曆正月十六開始掛紙，依照各個家族自訂的日子；南部六堆地區的掛紙時間，多在農曆二月初二伯公生日過後，直到清明節之前，近年來有些鄉鎮公所會挑選日子比較好的星期天，公告統一掛紙的時間，但有些家族也會另訂吉日祭掃。

　　這種傳統習俗是否隨著環境的改變而改變，筆者在雲林地區訪查，發現北客們在這種既定的習俗中，雖然有些仍因循著舊傳統，在正月十五左右回原鄉桃竹苗掃墓，但有些人卻因路途遙遠而做了某些改變，這種改變仍不失原有的敬祖之心，僅是隨著移居地而入境隨俗。從苗栗三義遷來六合村八十七歲的徐先生說：每年正月半後个禮拜日，會轉去三叉掛紙。七十二歲現住烏塗村的張先生：以前正月十五轉去掛紙，來台祖在公館（芭仔園），現在徙下來吔。八十四歲的張先生說：以前在正月十六掛紙，下後將祖先个骨骸全部撮下來放在塔項，就改清明掛咧。原住竹東八十二歲的張女士說：偃等頭擺二月正掛紙，民國八十年將祖先个金盎遷來林北村後，跈清明節掛。另一也是從新竹鹿鳴坑搬來的七十八歲的鍾女士說：二月二會轉北部掛紙，今下較少咧，因爲老公同倈仔都過身吔。八十四歲住林北村的江女士說：苗栗有公廳，祖先在苗栗，逐年正月半會轉去掛紙。住六合村七十歲的謝先生說：偃等三兄弟輪留上去苗栗掛紙，老人家係無閒，就喊後生仔去。八十八歲住在林北村高先生說：每年正月十六日會相招轉去北部掛紙。從以上所述可以了解，有些北客移居此地雖已有六、七十年，但每年仍舊不畏辛勞回原鄉掃墓，有些則因老家在偏遠的山上，祭拜不方便，而將所有的祖先骨骸南遷移放現居地之後，跟隨當地閩人於清明節時掛掃。

　　掛紙掃墓的目的表示不忘本，也是紀念先人的一種情感延續，更盼望後代子孫能夠世世代代綿延不絕。移居在此的北客，雖然不常回原居地，但是藉由一年一度的祭祀掃墓，他們還是會不遠千里回鄉祭祖，以表達對祖先愼終追遠之意。

## 四、樟公善師

　　六合村的行政區域是由土地公埒和新庄仔兩個聚落所形成，兩聚落也都

各有一棵年三百年的老樟樹，都是雲林縣政府列管的珍貴老樹，在庄頭庄尾屹立不搖的庇護著村民。原居新竹六家現年七十七歲的許老先生說：最先樟樹無人拜，係偓等客家人先拜；本來無廟，後來起一間小廟。位於土地公埒的老樟樹，就是當地村民所說的庄頭樟樹公，剛開始僅是一棵樟樹無人祭拜，後來客家人來到此地之後，耕地就在老樟樹旁，爲求墾耕順遂平安，當成伯公樹來祭拜。因非常靈驗，逐漸地成爲客家移民的信仰寄託。原居苗栗南庄田尾八十二歲的鄭老先生說：吾爸不時看到伯公坐在樹下顯身，盡靈顯。因鄭老先生的父親當時是掌廟的，〔註6〕經常在廟裡穿梭服務，故僅有他能看到伯公的人形顯像。他還說：這庄頭伯公會同庄尾伯公互相聯絡，暗晡頭樹尾會出「伯公火」，火光會瞦啊瞦，〔註7〕瞦到庄尾該頭樟樹伯公吧。樟樹公不但顯身，也經常利用夜晚以閃爍的火光飄向另一棵庄尾的老樟樹，像似到隔壁鄰居串門子般。

圖4-7　東興宮　　　　　　　　　圖4-8　比「東興宮」高的老樟樹

　　甚至傳說這兩棵老樟樹如同百年夫妻，共同守護著這兩庄的村民。由於樟樹公經常顯現聖蹟，不但成爲該村客家人的信仰中心，更是當地閩客的共同祭祀神。

　　「樟善師」是東興宮的主神，建廟以後才被尊稱爲「樟公善師」，也就是廟後的那棵老樟樹被神格化後成爲主祀神。聽北客耆老說，「樟公善師」的稱謂是在廟宇落成請神儀式時，樟樹公藉由起乩的乩童說出來的。這棵老樟樹雖有三百年的歷史，枝葉仍青綠茂盛的高聳矗立在農路旁，像是眼觀四方的

〔註6〕掌廟－zong丶meu 客語爲廟祝之意。
〔註7〕瞦－ngiab丶閃爍。

守護員護衛著當地村民般。「樟善師」不但有許多當地人熟知的傳奇故事，也有令人稱奇的顯靈事蹟。據莿桐鄉六合村七十歲的謝長森先生說：

涯屋家歇苗栗南苗客運車站邊，民國四十四年搬去屏東萬丹大湖底邸十年，民國五十三年（1964年）徙來這開墾河壩埔。正來個時節，同先來個客家鄉親，共樣來拜屋背無幾遠個大紅樟樹下個伯公，這頭紅樟樹大約有三百年個歷史，當時這還無起廟，樹頭下被村民燒金紙燒到有一尺零闊大個樹空，香火盡旺。聽講日本時代，日本人愛焗腦，想這頭樹仔恁大，一定焗得到盡多油，就識來將這頭樹仔鑽三個空試看哪有油無，後來日本焗腦個工人愛鋸這頭樹仔，腳嗄無辦法行路，日本人著驚，毋敢再鋸，就恁呢留下來。雖然日本人鑿個空同燒金紙個空盡大，又乜慢慢自然吔癒合。

民國61年（1972年），村民集資建廟稱「東興宮」，主神為「樟公善師」，舊曆11月10日誕辰，建廟到今四十年咧。原旦當地無人拜這頭樟樹，係客家人徙來過後正有人拜。涯等徙來後，正開始起一間小廟仔來拜，廟圖係吾爸畫個，前年正改建過現下個大廟。建廟後有童乩落童分村民問事，有一日涯親眼看等，問事時扛手轎個福佬村民，因為愛等神明降臨，等吔盡久就無耐煩講：「恁暗無來，這無神啦，大家轉去算咧！」話正講啊煞，「啊！壞咧」神轎就開始搖起來，將扛神轎個兩個村民吊擐起來盡走，速度又遽，鑽過一尺闊個笐竹墩，走到幾百公尺遠個大水溝去浸水，浸濕後再走轉壇項，該下堵好冬下天，天時還異冷，這兩個人一擺就驚著。樟公善師本來淨有客家人在拜，現在附近個福佬人也有當多人跕等拜，變成六合村個信仰中心。

圖4-9 供奉的「手轎」

雖然這兩棵庄頭（300年）與庄尾（250年）的老樟樹，同屬紅樟樹種，樹齡

也有二、三百年的歷史，更被列爲雲林縣政府的第 35 及 36 號的珍貴老樹，但其生長樣貌卻不大一樣，如同男女長相，雌雄分明，當地的村民都知之甚詳，謝長森先生說：

> 土地公埒庄項个村民攏知，這頭樟樹係公个，樹底下無小樹苗；六合村庄尾新莊仔那頭老樟樹係嫲个，樹底下生盡多小樟樹。暗晡頭看得到公樟樹頂會有一盞紅色个伯公火，向嫲个樟樹那片飛去，像去約會樣仔，有盡多人看過。

從以下的圖片即可看出端倪，爲何兩棵老樟樹會有膾炙人口的夫妻情感，以及類似人間的傳奇故事；更難得的是，在這裡我們看到了植物與人類也是有情有愛的，更看到了樹木的眞實情感。

圖 4-10　土地公埒的公老樟樹（庄頭）

圖 4-11　新庄仔的母老樟樹（庄尾）

圖 4-12　雲林縣政府列管的珍貴老樹

圖 4-13　母樟樹旁生長許多小樟樹

除此，樟公善師還會用其他方式指示信徒，原居新竹竹北斗崙八十歲的曾先

生說：

> 親家會畫符仔，童子若要開口，親家會畫符仔分童子食，會較遮開
> 口。愛做廟時神明也會指示雕刻神像，善師自家會去新竹托夢分雕
> 刻師，同雕刻師講愛刻伽吔樣仔，雕刻師刻好後會自家寫信來，等
> 廟項个人尋到雕刻師，雕刻師會講：「𠊎知！𠊎知！昨暗晡善師有同
> 𠊎講」。

早期北客移民拜樟樹公，認為老樟樹能在此歷經歲月的風霜仍能屹立不搖且
生機盎然茁壯，想必也能帶給離鄉的他們同樣的生機，將樟樹伯公視同親人
長輩般的敬重，祈盼牠能庇佑離鄉背景的他們，在辛勞的墾耕過程中能夠更
順利。因此，原為田邊小路旁的這棵老樟樹，在北客來此之後，變成為移民
們心靈寄託的精神依附。後來隨著一些神奇的傳說與事蹟，當地的閩人也開
始跟著祭拜，漸漸地成為六合村民的信仰中心。該廟歷經三次的改建之後，
成為現今的規模，亦讓樟樹公的神格正式提升為「樟公善師」。

　　六合村是散村型的聚落，北客們雖散居在自家的田園中，每一戶人家的
距離，少者幾十公尺，遠者一二公里方圓都有，但是藉由樟善師的神威與傳
奇，凝聚了閩客間的向心力，也成就了在地化的另一種民間信仰。

## 小　結

　　人類對祖先的崇拜早在原始社會後期就已存在，那時的祖先被奉為神
明，在歷代統治者的不斷宣染之下，人們相信家庭榮辱盛衰與祖先的庇祐息
息相關，只有虔誠地供奉祭拜先人，才能得到歷代祖宗的保護。而且人們也
認為祖先的神靈似乎時時刻刻都在，監督著每一個人的一舉一動，使家人對
祖先產生崇敬與畏懼，形成了自我約束，遵守禮教的道德觀念，不敢隨意犯
錯。

　　除了對祖宗敬奉之外，對於家祀神明也一樣尊崇，當北客移民到此地時，
總把在他鄉異地的安危寄託於神明的庇護，對於遠離家鄉的他們，可以藉由
神靈的陪伴與護衛來求福避禍，並可稍解思鄉之情。

## 第二節　建築形式的樣貌

　　人類在日常生活中，擁有遮風避雨的居所是最大的希望，從上古時期穴
居的山頂洞人開始，人們發現利用物品將自己圍起來，可以抵擋毒蛇猛獸的

侵襲；慢慢演進到以竹子、樹木、茅草等結廬群聚而居，後來社會進步科技發達之後，再改以磚瓦、鋼筋水泥等材料營造堅固的高樓大廈。

江運貴在《客家與台灣》中描述：「運用科學方法 DNA 來闡釋，客家人是屬於亞洲蒙古匈奴的遠親，蒙古人種通古斯支脈之同族。其起源在亞洲的中部，客家人的直系祖先，在大約兩千五百年前到三千年前或更早以前，從寒冷的中亞北部開始游牧，經過中國西北部的新疆和蒙古南部，然後散布到中國的中原地區，以黃河下游爲集散地，不斷往南方播遷，追求舒適的生存環境」。〔註 8〕客家族群早期從中國北部黃河流域，經過漫長的遷徙南移，爲了安全都採聚族而居。若有散戶遷至他處，必定以同姓家族聚居方式爲主，在建築形式上採取圍龍屋或土樓形式，以家族共住的防禦特色來確保住家安全。客家人因長期躲避兵禍，遷徙途中總無法避免遭遇強盜土匪之類的侵擾，使得他們不得不發展出如堡壘般的住居，但是移民台灣之後的型態卻又不一樣。

住在桃園、新竹、苗栗丘陵地山區的客家人，因爲土壤貧瘠，長期種植的農作物收穫並不多，導致農家普遍貧窮，要顧三餐都非常困難，對於住居的營造並不講究，經常因陋就簡。而且山區交通不方便，建築材料搬運困難，只好就地取材，以竹子、樹木、石頭加上部份磚塊、水泥，來建造屬於內廊式的客家特色伙房，零零落落矗立在山區裏。有些遷移市區，交通比較發達的北客，因爲生活條件較佳，從事花費體力較少的工商活動；因此在日治時期，有些富有者，也都擁有鋼筋水泥的樓房，或是起造紅磚蓋紅瓦的店面。這些經濟能力較佳的北客少有到處移居，而會遷往中南部或東部偏鄉僻壤的客家人，絕大部分是較貧窮的農工階級，因此對居住品質及環境不會很講究。

## 一、早期的「竹笐屋」

根據筆者在莿桐鄉與林內鄉訪查，許多早期來自於桃竹苗地區的北客，他們剛到此地的生活概況及住居的房子，幾乎都是因陋就簡的住茅草屋，或就地取材蓋竹笐屋住。住在林北村七十八歲的鍾女士說：

> 㑷屋家本來邸新竹縣峨嵋鄉鹿鳴坑，從小屋家窮苦，兄弟姊妹又多，瞨田耕做無食，瞨个土地分頭家用高價再瞨分別人，全家生活無依靠；堵好吾姑丈邸林內鄉，在南投縣竹山鎮做挑腦丸的工人，吾姑

---

〔註 8〕江運貴，《客家與台灣》，1996，頁 88～89。

介紹厓等來這牘田耕。吾公帶吾爸四兄弟，在民國三十五年正徙來林內鄉林北村歇，頭擺人講：「搬上搬下，毋當家鄉榕樹下。」若毋係走頭無路，麼人蓋愛徙上徙下？來到人生路不熟个林北村，買竹仔做竹笐屋歇，該時節做穿鑿屋愛花盡多錢，需要請專門个師傅造，屋型正會靚又柱固。屋頂蓋禾稈，一層一層蓋到毋會漏雨為止，以後每年都愛加蓋一層到兩層，一直加到一、二尺厚。穿鑿屋歇起來寒天盡燒暖，熱天燥速又涼爽。」

日治時期南遷於此的北客，多數是家無財產生活貧困者，他們原在北部時，大都以佃田的方式來向地主牘耕，地主僅以口頭應允，並無實際的契約訂定，因此若有人想向地主佃耕該塊土地，地主就會以漲價方式，隨時更換牘耕人，以致須靠牘耕土地來謀生者，常在生活不確定性的情形下便移居他鄉。故在他鄉落腳之後，本就無積蓄的他們，就以最經濟最簡便的方式，用隨處可得的刺竹及稻草來建築可以遮風避雨的房子，這種房子客家人稱為「竹笐屋」〔註9〕或「穿鑿屋」。

### （一）竹笐屋的建材

「竹笐屋」又稱「穿鑿屋」，建築方式及基本樑柱的建材，一般都是用粗大的刺竹莖作屋子的樑柱，用竹篾片交織成為牆壁的支架，然後在竹牆上抹塗石灰加泥漿的材料，塗牆的材料亦可加入粗糠或截細的稻草，然經濟較差者並沒有增加這道手續，如下圖的樣貌而已。雖說建材及樑柱類似，但牆壁的厚實堅固程度卻有所差別，端視個人經濟因素而定，因此每一戶的建築材料都不一樣，因此外觀上會有一些差異。原住苗栗三義遷后里四崁頂，遷居虎尾惠來溪埔寮，再搬到現址莿桐鄉六合村新興路的八十七歲徐先生說：

正來个時節，用笐竹做个竹笐屋歇，竹笐屋个作法，係將竹篾仔編好做牆壁後，用稈摎泥漿先膏一遍，第二遍用礱糠佬泥漿再粉一擺，第三遍用白石灰粉一遍，使牆壁變白就好咧。石灰个作用，係因為石灰防水，做得使用草泥粉个外牆更加堅固，白色个內牆分室內感覺較明亮。恁呢做个竹笐屋堅固又靚，係經濟較好个人正有辦法，一般人就無恁功夫。

〔註9〕客語竹笐 zug、gong ˇ 就是竹筒，而刺竹是竹類中較堅韌者，莖稈粗大且耐水，不易潮濕腐壞。因此竹笐屋都是以刺竹的竹莖做為屋的樑柱，也可用於家具和農具的製造。

圖 4-14　彭家現仍留存的鉛皮屋

原住苗栗公館鶴仔崗，現住林北村今年七十六歲的劉先生說：

> 日本時代搬來這，旦是做工無哪邸，只好歇人个菸草寮，做菸仔事个寮仔，這種菸草寮又乜係用笐竹搭起來个，壁用竹篾仔，屋頂弇禾稈。毋係焙菸該種菸寮。

傳統穿鑿屋的屋頂，大都覆蓋稻草或是茅草，也有蓋甘蔗葉的，住起來雖是冬暖夏涼，也有漏雨的疑慮，因此在覆蓋屋頂的時候，必需蓋上好幾層。除此，這類植物的根莖會因風吹日曬而腐蝕，所以每年都會視需要來加蓋或是翻修。但是在林北村鉛片厝的穿鑿屋卻有著截然不同的風貌出現。據原居中壢現住在林北村鉛片屋，今年八十八歲的高先生說：

圖 4-15　竹門、竹壁與磚柱

> 倕十過歲徙下來，搬來時節歇穿鑿屋，林文欽起个屋仔，[註10] 分佃農歇个，屋仔已經盡舊吔，粉泥壁割菅草來做壁，屋頂用竹仔做底，弇一層烏紙再蓋鉛皮。正來這時，已經搬走一批人，屋仔也當舊咧。該下這跡位有一、二十戶人家，早期倕等都係做大地主个佃農，歇佢搭好个屋舍，因為

屋頂蓋鉛皮，故所人家就安做「鉛皮屋」。[註11]

---

〔註10〕林文欽是當時林內地區的大地主，北客來此開墾的土地，大多是屬於他的土地範圍。

〔註11〕鉛皮屋，客語發音為 ienˇ biangˋ vugˋ，但是當地地名卻寫成閩語的「鉛片厝」。

原居苗栗鶴仔崗現住林北村，今年八十四歲的江女士說：

> 來這最早歇竹笐屋，屋頂重茅仔，八七水災時節，發大水屋仔浸水，泥壁分大水浸啊流淨淨，屋肚个東西浮浮有冇，連番瓜都浮起來，下後無辦法邸，只好再做過屋仔，再做過後就用還有一層蔗葉鉛皮蓋屋頂。

圖4-16　屋頂的竹架與甘蔗葉

住在鉛片厝這一鄰的居民，大都是從苗栗搬來的北客，他們在日治時期的幾波移民潮裡，前仆後繼的來到此地。當時日本政府急欲在台灣積極開發農業，將許多土地強制徵收，並視濁水溪流域的浮覆地為濫墾地強制徵收，再將這些土地發放給日籍退職官員，或給予親日人士，因此造就了許多大地主。來自於桃竹苗地區的移民，自然成為大地主們的招募對象，其中有一位嘉義林文欽的大地主，為了能吸引更多的墾耕者，在其擁有的土地上先蓋好一些竹笐屋讓他們居住，方便墾耕。因此有了所謂「鉛片厝」的地名，可這鉛片厝的由來，並非每一間房子全是用鉛皮所建，只是基座仍為竹笐屋，屋頂蓋上鉛皮而已。

### （二）可以搬遷的竹笐屋

較簡易的竹笐屋，雖然外牆用甘蔗葉或菅草，以排編的方式夾綁在竹片上，密密麻麻的懸掛在竹笐屋的外牆，增加保護作用來遮風避雨，但是內牆還是有抹刷草泥及石灰以防蛇及老鼠的侵襲。

鄉下較窮苦的人家，或是住了幾年之後想搬家者，可將竹笐屋一起搬移，但僅限於附近的近距離，若太遠則不行。竹笐屋搬遷前，須先將泥牆敲掉，減輕重量之後，剩下竹笐做的屋架樑柱及竹篾牆，再請附近鄰居或親朋好友一起來幫忙扛搬。整棟三間竹笐屋，需要一、二十個人才扛得動，這些幫忙扛屋徙位的親朋好友，都是換工性質，義務幫忙不用工錢；扛到定點後，主人會煮點心請大家吃，慰勞鄉親的幫忙。

圖 4-17　彭家仍住在幾十年屋齡 的竹笐屋

圖 4-18　以前的竹笐屋

圖 4-19　竹笐屋內的白牆壁

圖 4-20　九十歲的彭老太太與 廚房

圖 4-21　石灰剝落後僅剩的竹篾

圖 4-22　竹笐屋的屋頂與牆壁

## 二、泥磚屋與紅磚瓦屋

### （一）泥磚屋

　　客家人的「泥磚屋」也稱「土磚屋」，閩南話稱「土埆厝」。在此開墾多年後的北客，生活較穩定了，經濟能力也較寬裕時，才將竹笐屋改建爲泥磚屋。改建的原因是穿鑿屋雖然方便，但是有利也有弊，因爲材質簡便牆壁多由帶有黏性的黃泥土加石灰，偶或參雜一些剁碎稻草或粗糠，容易漏水而且常遭蟲蛀，所以在生活安定、經濟較爲富裕之後，就改建爲土磚屋，替代了簡易的穿鑿屋。住在烏塗村今年七十九歲的蔡先生說：

> 阿公擳阿爸、阿姆還有偅同老弟、老妹一家人總共十個，從新竹新埔鎮徙下來，該下偅正十四歲，來這盡艱苦，無水無屋好邸，歇人無愛个寮仔，屋頂弅禾稈，落大雨會漏水。當初爲了下來買放領田，將新竹土地賣忒，來這買甲過地，係伯公埒姓鄭个朋友紹介，當時來這無電火暗晡頭點番仔油。來這無水，一分地穀割幾百斤，收入少賣無錢，只好做泥水做土木，二十零歲學會後就自家起過土磚屋來邸，土磚屋較毋會漏水，又較圭固。兄弟分家後，就去同人結石頭做田磡，自家看結旱石一米 30 个銀，無加紅毛泥，結水石有加紅毛泥，也有百過銀。結石頭愛使自家个目色，自家看用頭腦學，石頭搌來搌去，紅毛泥毋使咬石，手指有時會砍扁。

從苗栗銅鑼搬到林中村，今年八十四歲的胡先生說：

> 做泥磚盡辛苦，將田坵肚个黃泥放歸堆後，牽牛仔去蹧泥，再將剪好个禾稈豁入泥漿肚加水分牛仔踩踏，等到牛仔將黃泥漿蹧軟時，正換人入去蹧，一直蹧到有韌性時，正開始做土磚。做泥磚以前，先看泥磚愛做幾闊个寸尺，再用樹枋仔釘好，等泥漿攪好就做得倒入去供模仔。

住六合村八十八歲的徐先生說：

> 以前歇吔竹笐屋，壁用竹簋併，用黃麻絲抑係枸薑絲，無就菅榛固定好，再抹壁，頭一層抹用稈泥，第二層用礱糠泥，第三層用石灰。下後換過泥磚屋，做泥磚愛用樹仔釘箱，一支禾稈剪做三節，稈攞泥去攪，攪好再放入箱仔，放俾燥後正開始作泥磚屋。

圖 4-23　泥磚與樹桁

圖 4-24　泥磚與支撐的竹笐

作泥磚的材料與竹笐屋的塗抹牆壁的材料一樣，差別在於竹笐屋的牆壁，先以竹篾編排好之後，第一層先塗上攪和的稈泥，第二層再塗抹和好的稻殼泥，第三層再塗抹白石灰。

　　要建造一座泥磚屋，不但費時又耗力，通常農家會選在少雨的秋冬季製作，先在田裡或空曠之處製作土磚塊，待數量夠了之後，再請師傅工來協助建造房子，過去的一些粗工，一般農家人人都會作，鄉下的建築材料，可以取自住家附近的田野，因此可以省下不少建材費與工資。

圖 4-25　土磚屋與怪手

圖 4-26　斑駁的土磚牆

　　製作土磚的過程中總少不了牛隻幫忙，必須先將泥土加水踩勻之後再摻入稻草攪和，因此「牛」的角色更形重要。經由畜力的踩踏及人爲的加工，順利的將生泥與稻草混合成熟土，倒入製好的木製模具中，再以太陽的日照及吹風的陰乾方式，讓土磚均勻受熱讓其成形，乾燥之後再以刀片稍加修飾，即可成爲漂亮整齊的土磚塊。

「土磚屋」雖有冬暖夏涼的優點，但缺點就是怕水，若遇水災或是強風豪雨，還是會鬆垮。根據實地訪查了解，移居來此的北客，在日治時期到光復前後時期的房舍仍舊是竹笐屋，改建泥磚屋的戶數不多。

### （二）紅磚瓦屋

「紅磚」據說早在荷蘭人、西班牙人來台時就有了，可能是從殖民基地的爪哇載來的。如當時所建的紅毛城的城廓，城址的壁體全都是用紅磚建造。而台灣製造的磚可能從鄭成功時代開始，在台南開始製作，規格大約為長八吋、寬四吋、高兩吋的長方體。〔註12〕早期紅磚的製造程序和泥磚有點類似，但不盡相同，舊的作法是將採挖出來的黏土，讓牛加以踩踏密實之後，放入木製模子裡讓其成形，用日光晒乾後再放進磚窯內燒製而成。

雖說紅磚在台灣出現的很早，可惜價格高，非一般民眾可以購買，更何況是靠佃田膊耕的北客，因此從日治時期到光復後，他們的住屋仍舊以「竹笐屋」為主，直到四○～五○年代以後，政府實施三七五減租、耕者有其田、公地放領等政策，使佃農變自耕農，經濟能力改善，有了積蓄之後，才改建為紅磚瓦屋。住六合村今年七十八歲曾先生說：

> 昭和 7 年（1932 年），因為阿伯將祖產了忒，吾爺哀只好帶一個阿哥同二個阿姐，對新竹竹北个斗崙搬到林內芎蕉腳。𠊎來這第二年正出世，四歲時節吾爸就過身，下後再徙來這土地公埒。來這邸矮屋仔竹笐屋，歇人舊舊會鬧會鬧个屋仔蓋茅草，後來無茅草就弇蔗葉，光復後，大概在民國四十零年左右，政府三七五減租、公地放領、耕者有其田政策，使農村經濟轉好，正起磚仔屋蓋烏瓦。

**圖 4-27　紅瓦及三分之一磚牆的竹笐屋**

台灣光復後，因政府實施三七五減租及公地放領政策，佃農們逐漸擁有自己的土地，工商業也開

---

〔註12〕藤島亥治郎，《台灣的建築》（台北：臺原出版社，1993），頁27。

始發達，本土的紅磚及紅瓦、黑瓦、灰瓦也開始大量製造，部分經濟較好的家庭，開始以紅磚、紅瓦或黑瓦來改建農舍。由於新建的紅磚屋，開窗的比例較竹笐屋加大許多，許多民宅仍保持混合使用的狀況，亦即屋內架構仍以竹笐或木材爲主，牆壁則採混泥土或紅磚構造方式。也有紅磚屋的屋身，全堵牆都砌以紅磚，也有僅砌牆壁下方三分之一牆的紅磚建築；無論是前者或是後者，屋架的結構仍就是竹笐或木材。

來自於苗栗頭屋老田寮，今年七十八歲住六合村的邱先生說：

> 光復該年年尾搬來，因爲自家無財產，同人贌耕，光復後田主討轉去。吾姐丈邸斗六閹豬仔，喊𠊎等徙下來。吾爸帶𠊎等三兄弟下來，來這贌公家土地，因爲別人犁一轉泥掀八字，就係厥个，𠊎等就變成贌第二个地主。最先二甲零別人無愛耕，就拿到來耕，緊耕緊閷。正來時起穿鑿屋蓋禾稈，隔壁鄰舍大家會揣手。五、六年後𠊎十七、八歲時節，屋家有賺到錢，就起這屋仔，到𠊎二十二歲討餔娘時就起好咧！起屋个樹桁全部用檜木，該下檜木一材八個銀，灶下个桁仔又乜係。

下半牆牆面砌磚，上半牆則以竹片編織再糊以泥糠，外表再抹一層石灰。紅磚的砌縫並抹以水泥，但以前水泥取得不易價格也貴，所以較老的半堵牆的

圖4-28　紅磚屋的外貌

紅磚砌縫都要先糊一層泥土後，再以少量的水泥抹上。這種建築方式可防水又可防蛇鼠之類的侵擾，也讓房子更穩固。缺點是工程比較繁複，完工時程長，材料的花費多，對有積蓄及經濟能力的北客而言，倒不如直接翻新，蓋整棟全新的紅磚屋還比較划算。因此這種以竹笐、紅磚、紅瓦三合一混搭的房子，並不多見。

## 三、傳統的伙房

早期台灣的客家建築，從竹笐屋→泥磚屋→磚仔屋，歷經時代的轉變，

長期在地化的發展之後，展現出些許不同的建築形式，形成了南北客家建築的差異。經筆者實地訪查，以目前仍居住的伙房屋來印證，由日治時期至光復後至今，中北部的房子多為紅牆灰瓦，南部六堆地區則是紅牆紅瓦。大多數的北客移居此地之後，雖然居家建築有些在地化的改變，但也保留一些原鄉的傳統居住空間，從信仰的廳堂擺設，以及屋內屋外的空間設計，大抵可以了解他們雖然離鄉背井，但原鄉的生活元素仍然存續，不會因異地而全然改變。

| 圖4-29　莿桐六合村北客曾家的紅磚灰瓦屋 | 圖4-30　六堆美濃地區的紅磚紅瓦屋 |

（一）建築形式

　　台灣的傳統住屋建築形式，有「一條龍」、「單伸手」、「三合院」、「四合院」等形式。以前的農業社會，因為貧富懸殊，家族人口數的增加，建造住屋的形式及規模上有很大的差異。尤其在莿桐鄉的六合村與林內鄉的林北村，就出現了不同風貌，六合村目前仍有幾棟大家族的伙房屋，各自呈現了不同建築形式。

1、一條龍

　　早期的竹篙屋都屬於一條龍式的建築，只有正身部分，而沒有橫屋的架構，此類型的房屋間數並不一定，通常依使用者人口需求來決定，常見的是三開間與五開間，也有七開間的竹篙屋。若以「三開間」為主，屋頂前後兩波落水，入口設於中間，一般中間都設為廳堂，除供奉神佛、祖先之外，也當客廳使用，左右房間依長幼尊卑，左邊住大房，右邊住二房，依需求兩端可再各加一間，則稱為「五開間」。對於家庭經濟差者，在早期的農業社會，

「一條龍」式的竹笐屋數量最多，也是北客初期在此的主要住居形式。

### 2、單伸手

「單伸手」即建築上所稱的「轆轤把」，也就是正身與橫屋所構成 L 型的房屋，只有廳堂及一道廂房的住宅，如人伸出的手臂一樣，因此稱爲「單伸手」。一般來說「單伸手」的屋型是因應家族成員的增加，由「一條龍」延伸而來。房屋大概都以開間的正屋爲基礎，再向左邊伸出加建稱爲左橫屋，若向右邊伸出則稱爲右橫屋，但是在民間的地理風水觀念裡，都認爲「左青龍、右白虎」，左邊大於右邊，左邊要先做，因此我們常看到的「單伸手」，大多數是以左橫屋爲主，甚少有右橫屋的。單伸手是種不對稱的夥房屋，較少居住者願意蓋這種形式的房屋，除非是分家後的加建。六合村的謝長森先生說：

> 民國五十四年正徙來這時節，因爲堵到禾仔愛抽穗時，東片山起燒風，故所頭年蒔個禾仔無好收，做屋仔個錢就無戏咧！等到第二年正起，起吧時節起正身定定，等到第二個阿哥徙來正接等起這左手片個橫屋。起屋個圖乜係吾爸自家畫，佢自家懂一些做屋這方面個作法，師傅係毋曉做會問吾爸，像佢等個正身屋接橫屋有轉溝，福佬人個屋仔無轉溝毋曉做，師傅會來問吾爸。

事實上，台灣單伸手的建築形式有閩客之分，外型上若不仔細看清楚，就不易了解閩客的差異在哪裡？上述報導人就說明了此一分際，也就是說一般客家人的橫屋都會與正身直接做連結，如同人的身體與手臂的連結不會中斷，而閩式建築中間會留一條小走廊，使得正身與橫屋分離。客家的這種轉折緩衝的空間，在屋頂上的交叉處稱爲「轉溝」，屋內的空間則稱的「廊仔下」或「廊仔」，俗稱「落峨間」，是客家伙房自成一格的建築特色。

### 3、三合院

三合院又稱「伙房屋」，一排三間或五間爲基礎的正身，然後緊臨正身左右兩旁做垂直的橫屋，前面加圍牆圍成ㄇ字的院落，大門可開在圍牆正中央，形成一個簡單的「三合院」。橫屋的形式及樣貌，可依家庭人口數來延伸發展，一般橫屋的屋頂，猶如人的頭與身體，絕不可高於正身，才符合建築的整體形制。目前在莿桐鄉六合村及林北村仍有許多磚造這種「三合院」的住宅。但是以正身五開間爲主的三合院建築，因家庭人口多，因而在橫屋所建的房

間數也比較長，這種單家園屋的三合院，在六合村最多。

### 4、五虎下山與圍龍屋

所謂的「五虎下山」是一種較爲完整的合院形式，或指某種屋頂的做法，一般民眾較不熟悉這個名稱，大概只有從事建築業的泥水師傅，或是對伙房建築有研究的文史工作者，所說的一種建築術語。「五虎下山」指的是屋頂背脊頭的形式，當正身達七開間時，部分住屋會特別做兩層的落峨，以增加層次與美感。「落峨」即屋頂做法中的斷簷升劍，因屋脊有落差故稱之。〔註13〕由於這種房子的正堂屋有兩層的落峨，建造方法繁複需時較久，因此在民間極少見，必須人口眾多且經濟實力夠的大家庭，才有能力建造。在莿桐鄉六合村的北客群裡，就有一戶屬於這種「五虎下山」的建築。這戶人家姓張，來自於苗栗的三湖，張家的建築非常特殊，除了「五虎下山」之外，也融合了「圍屋」的特色建築，唯張家的圍屋建築方式，又與傳統的圍屋不太一樣。傳統的圍屋特點是橫向的三開間正屋，與橫屋是分離的，變成正屋的兩邊成爲透空的空間，而形成正堂屋獨立存在，橫向的正屋則向後延伸成凹字形包住正屋，也就是將正屋圍住。〔註14〕但張家的圍屋卻是正屋與橫屋連結，正身兩旁的橫屋後面，卻平行的持續連蓋數棟橫屋，成爲另類的圍屋形式。從下列圖片可以看出這戶家族，同時顯現兩種不同的伙房建築型態。

在中國大陸「圍屋」也稱「圍龍屋」，一般爲一圍的一條圍龍，甚至有多達二三條圍龍的大型圍龍屋。但是在台灣的圍龍屋就很少，有也僅是一條龍式的圍龍屋，這種圍龍屋大多出現在客家地區，閩南地區很少見。然而筆者在此地區發現的這座圍龍屋，卻出現了另一種不同風貌，屬於改良式的簡易圍屋，與傳統上所建造的不太一樣，它不但兼具有「五虎下山」與「圍龍屋」的建築形式，也顛覆了傳統的建築概念，這是否與建築師的籍貫與地域觀念，或是與興築的師父建築技藝有關。

〔註13〕http://people.chu.edu.tw/~mapro11/structure%20style.htm
〔註14〕劉盛興，1996，《六堆客家建築欣賞》，頁116。

圖 4-31　田家三合院外貌

圖 4-32　田家伙房屋五開間正廳

圖 4-33　邱家的三合院

圖 4-34　謝家的伙房屋五開間
　　　　正廳

圖 4-35　田家的「雁門堂」號

圖 4-36　田家兩邊的橫屋各有
　　　　五間

圖 4-37　五虎下山的完整外貌　　　圖 4-38　張家伙房正廳
　　　　　（台東關山）

圖 4-39　張家四連棟的橫屋　　　　圖 4-40　張家伙房的五虎下山

張家第二代八十四歲的張阿清老先生說：

> 四歲對苗栗遷來，全家總共有十個人共下徙下來，吾爸兩公婆、阿
> 叔兩公婆同二個倈仔、阿哥倆公婆、阿公、還有𠊎，來這徙吔幾啊
> 位跡。光復後大家庭人口五、六十人，正起過較大棟个屋仔，這屋
> 仔做吔四、五十年咧，做這屋仔个師傅係在地福佬人，照𠊎等客家
> 人个樣式，橫屋無留巷仔，福佬人个橫屋會留一條巷仔，像手肩胛
> 剁忒一樣，客家人就直接接橫屋。這係客家圍龍屋，內廳七間（正
> 身五間，落峨兩間），又乜係五虎下山个形式。

經由張家第二代耆老的口述，建大伙房是因家族人口的急遽增加，房子的構
造雖然沒有一般富貴人家雕龍刻鳳的華麗景象，但其雙側橫屋的壯觀數量，
在當時的社會卻是引人注目的。整座伙房的建築，雖保有客家傳統的元素，

但外觀上也有一些閩式的建築影子。若說張家圍龍屋屬於改良式的，那麼可否說是顛覆了傳統？依筆者看來，可能建築師傅是在地的閩南人，不懂客家圍龍屋的建築樣式，僅能以自己所擁有的技術，用熟悉的匠法稍作變通，以迎合主人家的需求，僅能稱之爲簡易的圍龍屋而已。

　　早期人們建造圍龍屋的目的，是以防衛功能爲前提，但是此地張家的圍龍屋，卻是以大家族的情感爲依歸，做爲彼此互助，相惜相敬的堡壘，即使現在已經分枝散葉，老一輩的仍舊秉持第一代遷徙的初衷。目前張家的第二代與第三代仍住守著伙房，雖然子孫滿堂，年紀相仿，也都已七、八十歲的高齡，若不刻意介紹的話，幾乎分辨不出他們之間的叔姪輩。不但如此，讓筆者訝異的是，當結束訪談後已經是下午三、四點了，他們還說要去田裡工作，若是一般人早就安養晚年，哪需如此辛苦，可是他們已經習慣了這種生活模式。再方面由於家族人口眾多，然此地的產業以稻作、蔬菜類的短期作物爲主，屬於看天田，沒有其他較高產值的經濟作物，無法支應眾多人口的開銷，因此年輕一代已相繼出外謀生，只剩年長者仍留守著他們辛苦與共的圍屋及大伙房。

## 二、居住空間

### （一）內廊式與外廊式

　　台灣的氣候雖說四季如春，可是仍有緯度差別，尤其是北部與南部的天氣，光溫度就有三、四度的落差，尤其是北部的冬天，常常是又濕又冷的氣候。

　　因此住在桃竹苗地區的客家人，在伙房的建造上，會考量雨天時的活動空間，以「內廊式」爲主，不論增加多少房間，內部都是相通的。這種活動空間設計的另一項考量就是安全問題，北部客家人的居家建築大都位處丘陵地或山區地帶，屬於單家住屋，與鄰居相隔甚遠，萬一有盜匪入侵，或是外力侵擾時，可以關起門來防衛，內部的動線由內廊來貫穿，家人互動可不必走到屋外。除了屋內的內廊設計之外，也因氣候關係加上外廊的設置，形成內外廊共有的伙房建築。這種活動空間的設計，活絡了家庭人員的互動，尤其在刮風下雨的日子，可在屋內彼此照面。

　　南部六堆的客家伙房則屬於內部不相通的「外廊式伙房」，因此每一個房間都是各自獨立的空間，並且有單一的房門可以自由進出，這種形式的居住

空間較有個人的隱私。

圖 4-41 內廊式

圖 4-42 正廳與內廊

圖 4-43 正廳與橫屋都有內外廊

圖 4-44 林北村的張家

圖 4-45 張家的尾間混合廊間

圖 4-46 邱家的尾間混合廊間

（二）內外廊混合式的廊間

除了分內外廊的形式之外，莿桐鄉的幾戶大伙房也將兩種內外廊，在兩

邊橫屋的最後一間終結，成爲混合式的廊間來使用，這在一般的建築樣貌而言，非常特殊。廊間的功能不但有收納尾端的功效，下雨天也能保有屋內的活動空間，不至於受風雨的侵擾，讓整座伙房看起來紮實穩固。

## 小　結

　　日治時期移居此地的北客，他們攜家帶眷來此佃田墾荒，大部分是身無分文、家無恆產，又食指浩繁的貧農階級。剛來時，住竹笐屋蓋禾桿爲主，有些住地主蓋的穿鑿屋蓋鐵皮，農作收穫時地主要拿五至六成，佃農所得很少，長期過著窮困的日子。接著又是大東亞戰爭（二次世界大戰），日本政府糧食管制，農民生活更苦，美國飛機空襲掃射，導致工商凋敝，百業不興，人民要活命已不簡單，對於生活環境的要求與居住品質的改善更無能爲力。

　　戰爭結束國民政府來台，實施三七五減租、公地放領、耕者有其田等土地改革政策，經過六十多年的休養生息，農民生活改善許多，農耕產業已從花生、蕃薯、水稻、鳳梨、芋頭、到菸葉種植。林內鄉的林北村也因農民大量種植菸葉而菸樓林立。北客收入增多之後，竹笐屋大都改建爲紅磚蓋灰瓦的平房，也有改建二層或三四層樓房，與較少種植菸葉的六合村相較之下，目前仍留存的老舊磚造平房或三合院的傳統伙房，愈顯彌足珍貴。

## 第三節　語言的混合與失落

　　語言是人與人溝通的媒介，也是人類生存的基本範疇之一，更是族群文化的象徵。然而語言在繁衍或接觸其他語言之後的演變，常常分裂出不同的說法及語調，甚至另創一種新的語種出來，久而久之就變成所謂的「次方言」或稱「地區性語言」。台灣的客家話可分四縣腔、海陸腔、大埔腔、詔安腔、饒平腔等五個腔調，但四縣腔又有南北之分，因此教育部在民國九十九年度，進行中小學客語教材編輯時，將四縣腔劃分爲「南四縣腔」與「北四縣腔」兩種，成爲一腔兩調；使得台灣客家話由原本的「四海大平安」，變成目前的「五腔六調」。

　　此地的北客雖然同樣來自於桃竹苗地區，但是他們所說的腔調卻不一樣，分爲四縣腔與海陸腔兩種，說四縣腔者不會說海陸腔，說海陸腔者卻會說四縣腔，個中原因究竟在哪哩？原來海陸腔的變調不但比四縣複雜，而且

在聲調上的去聲分陰陽，所以比四縣腔多了一個聲調，變成七個聲調，再方面海陸腔各聲調的音調和四縣腔正好相反，也就是說當四縣腔為高音時海陸腔變為低音，四縣腔為低音時海陸腔變為高音，還有海陸腔有舌葉音的聲母存在，而四縣腔比較單純無此四個音。歸納起來四縣腔無論在調類，或是舌葉音及聲母都比海陸腔少，以學習法則而言，總認為從繁入簡易，由簡入繁難，這也就是為什麼會說海陸腔者也會說四縣腔的緣由。

## 一、語言的混合

據吳中杰《台灣客家語言與移民源流關係研究》中的導論說明：台灣客家話的內部差異十分顯著，究其原因，固然有一部分是在地的創新，也有一部分是跟其他族群的語言接觸所產生。〔註15〕筆者從報導人所說的客家話中發現，除了上述兩種情況之外，還有一種就是海陸腔與四縣腔的內部混合，可稱為海四腔或四海腔。

### （一）海四腔與四海腔

依官方統計資料顯示，客家話各語系使用人口比例，依序為四縣腔、海陸腔、大埔腔、饒平腔、詔安腔等。苗栗縣是四縣腔（桃園縣、苗栗縣、台東縣、屏東縣）的主要分布區之一，海陸腔的主分布區是桃園縣、新竹縣、花蓮縣；因此說海陸腔屬新竹地區較多，可是筆者的訪談發現，部分來自於苗栗地區也說海陸腔。筆者在莿桐鄉與林內鄉訪談中，統計這兩個腔調的比例約為一比一。語言的使用往往會因時空環境的變遷而有所改變，只要順其自然，接觸久了聽習慣後自然就習以為常。下列就以他們所說的一些詞彙，討論四海腔的混合現象。

表 4-1　四縣話與四海話差異表

| 詞　彙 | 四 縣 腔 | 四 海 腔 | 詞　彙 | 四 縣 腔 | 四 海 腔 |
|---|---|---|---|---|---|
| 金錢 | gim ╱ qien ╲ | gim ╱ cen ╲ | 歇哪位 | hed nai vi | dai nai vi |
| 時節 | sii ╲ jied ╲ | xi ╲ jied ╲ | 煲粥 | po ╱ zug ╲ | pu ╱ moi ╲ |
| 盡少 | qin seu ╲ | qin sau ╲ | 蒔田 | sii tien ╲ | xi tien ╲ |
| 顯身 | hien ╲ siin ╱ | hien ╲ xin ╱ | 毋識 | m ╲ siid ╲ | m ╲ xid ╲ |
| 神廟 | siin ╲ meu | xin ╲ miau | 聽識 | tang ╱ siid ╲ | tang ╱ xid ╲ |

〔註15〕吳中杰，《台灣客家語言與移民源流關係研究》，2009，頁 1。

| 泉水 | qien ˇ sui ˋ | can ˇ sui ˋ | 笑人 | seu ngin ˇ | xiau ngin ˇ |
|------|-------------|-------------|------|-----------|-------------|
| 食飯 | siid fan | xid pon | 燒火 | seu ˊ fo ˋ | xiau ˊ fo ˋ |

### （二）閩客語混合

北客混居於多數閩南人區，爲了生存及融入在地化的生活，大都可說得一口流利的閩南話，如果聽他們講閩南話，完全和在地的閩人一樣，一點都不會「腔腔」，〔註16〕因此，久了之後有些客家話難免會受到閩南話的影響，一個詞彙結合兩種語音，融合說成了另一種閩客語的情形，如下列的語詞：

表 4-2　客家話與閩客話差異表

| 詞　彙 | 客　家　話 | 閩　客　話 |
|--------|-----------|-----------|
| 洩藥仔 | xied iog e ˋ | se ˋ　iog e ˋ |
| 打響角 | da ˋ hiong ˋ gog ˋ | da ˋ zui le ˊ |
| 世間人 | sii gien ˊ ngin ˇ | se gien ˊ ngin ˇ |
| 攞著 | lo ˊ do ˋ | lam ˊ do ˋ |
| 神明 | siin ˇ min ˇ | xin ˊ min ˇ |
| 砂礐 | sa ˊ ngiau ˊ | sua ˊ ngiau ˊ |
| 涼俗 | liong ˇ xiog | liong ˇ xiog ˋ |

## 二、語言的隔閡

北客移民無論遷徙何處，首先要面臨的第一個問題，就是語言的溝通，再就是生活上的適應，光復後從苗栗搬到屏東再搬到六合村的謝先生說：

> 小學六年生，搬去屏東歇，去學校讀書攏係福佬人，大家都講福佬話，倕聽毋識，淨倕一個係客家人，在苗栗講客家話，來這話語毋通無朋友，書讀毋下去，轉去同吾爸講：「倕無愛讀咧！」阿爸聽到緊拍手講：「好喔！」無愛讀書倕又做得加一個人做事，又毋使納學費。

由此可見，移民到一個新地方初期的適應是非常重要的，若聽不懂當地語言，常會因此而放棄就學機會或是選擇搬離，上述的報導人就是因語言問題而放棄讀書的機會。謝先生還說：

> 去屏東毋會講福佬話，請細妹工做事，摎佢講客話，顛倒分佢反咬

〔註16〕腔腔－kiong ˊ kiong ˊ，客語腔調和語氣講得不道地。

> 一口，講𠊎嘮潲（hâu siâu）做毋得亂講話，其實毋係𠊎亂講話，係
> 因為毋曉得講福佬話。

語言的隔閡也經常造成一些誤會或猜忌，嚴重的還會發生口角及肢體衝突。
住六合村今年九十四歲的劉金生先生說：

> 光復後福佬人同客家人正較有來去，日本時代不時會庄拚庄，相拚
> 个時節，拿擔竿吔拿擔竿，拿糞㩢吔拿糞㩢，〔註17〕拿大棍吔拿大
> 棍。

「水」是農田耕種的要項之一，也是農作生產的依據，為了灌溉水的問題，
閩客間也常起衝突。住林北村今年八十二歲的張女士說：

> 正來个時節，逐擺放水就會同福佬人口角，相吵相罵，有時節吵啊
> 較屬害就會相打逼背。

日治時期此地的客家人少，因此常被在地的閩人欺負，不但搶農田的灌溉用
水，就連收割完的稻草也要，甚至講話的音量都不能太大，否則就用甘蔗戳。
住林北村今年七十八歲的黃先生說：

> 耕田無水就無辦法蒔田，以前放水攏分福佬人欺負，吾哥講話過大
> 聲一息，就分福佬人用甘蔗直戳。日本時代福佬人盡惡，看到田坵
> 肚个禾稈佢就愛。

也有人以另一種緩和的方式，來面對這種緊張的對立，以免造成不必要的傷
害與麻煩。住六合村今年八十歲的曾先生說得比較客氣：

> 正下來該央時，福佬人會欺負客人少，福佬人總係罵𠊎兜客家人「客
> 人鬼」。

也是住同村今年八十一歲的鄭先生說：

> 同福佬人來去，隨在佢等罵「客人鬼」，毋使插𠊎佢莫應佢，事久見
> 人心，久吔就無事。

鄭先生的七十五歲堂弟也說：

> 三、四十年前，福佬人總係罵𠊎等客人安到「客人猴、客人鬼」，莫
> 聽、莫做認真就好。

住在林中村今年八十四歲的胡先生說：

> 出門人自家愛自重愛忍耐，人家欺負你、罵你，就毋好插佢，正會
> 無事，故所𠊎同在地个福佬人相處異好。

---

〔註17〕糞㩢－bun qiam、，用於翻攪堆肥的一種鐵製長叉。

從訪談的過程中，發現大部分的北客初遷此地時，爲了能盡快適應在地生活，若遇到閩人的罵話或挑釁時，大抵選擇「以和爲貴」，避免橫生枝節，才能融入福佬人的生活圈。住六合村今年八十四歲的張先生說：

> 倕試著福佬人會看輕客家人，有時節乜感覺毋會。這所在係水尾，暗晡頭食飽夜愛去柵水，有時柵有，有時柵無，同水頭人也會有衝突，大部分淨口頭言語个衝突定定。這搭位个客家人當團結，感動盡多當地个福佬人。

也有老人家怕被閩人瞧不起，在家說客家話，外出盡量說閩南話的大有人在。林北村的社區理事長黃秀雲女士說：

> 這位个客家人分福佬人看毋起，爲了生存，適應環境，老人家出外攏毋講客話，驚分人看毋起，面色毋好看。

甚至也有想改變身分，不讓閩南人認爲你是客家人的，因此有些人在家裡很少以客語交談之外，就鄰里間相遇也不願意講客家話的。住在烏塗村今年七十九歲的蔡先生說：

> 倕等客家人徙來烏塗村正幾戶吧，福佬人較多，爲著愛攃入福佬人，在屋家摎屋家人交談攏講福佬話，在村項堵到客家人異少講客話。

閩客之間的相處，除了語言的隔閡及灌漑水的爭奪問題之外，早期的閩人也不喜將女兒嫁給客家人，他們認爲客家人比較窮之外，而且經常搬家怕找不到女兒。住在六合村今年八十歲的田源錦先生說：

> 倕摎在地个福佬人毋會衝突，除了爲著爭水以外，其他就無麼个事情。較早時節福佬人會嫌客家人搬來搬去，妹仔毋好嫁客家人，以前攏客家人嫁客家人，福佬人嫁福佬人，下後正有摎福佬人通婚嫁娶。

第一代來此的客家人大抵都娶客家人，有些找當地或附近同樣南遷的北客人家，有些則回桃竹苗地區物色。經過一段時日之後，在地閩人見客家人不但務實又勤勞，之後就逐漸卸下心防，安心的將女兒嫁給北客，因此北客從第二代以後，幾乎半數以上都與在地的閩人通婚，造成客語即將面臨消失的危機。

## 三、語言的失落

語言是一個族群文化的重要元素，客家人歷經遷徙再遷徙，從中國大陸

到台灣，還有台灣島內的再次移民，雖與別的族群混居，經過了幾世紀，客家族群並沒遺忘自己的語言，也流傳著「寧賣祖宗田，莫忘祖宗言」的訓示，總希望客家子弟們，不論遷到何處，移民到哪裡，都不要忘了客家話。不幸的是，這些祖宗訓示的警語，終究躲不過現實生活的考驗，一代不如一代，即將面臨消失的危機被時代淘汰的命運。據林北村的黃先生說：

> 𠊎屋家歇苗栗老田寮，日治時期昭和 4 年（1929）出生，吾公降吔七子五女共十二個，歸家人總共三十零儕食飯；吾公帶全家先搬彰化二林，再搬嘉義中埔吳鳳廟，再搬嘉義水上機場附近，最後搬到這林北村安居下來。正來這當時係河壩埔，田坵都係石頭，全家拈石頭拈吔三年，再買泥來地，使砂石地變良田。蒔兩季禾仔，種一季菸草，四兄弟一共耕十甲土地。正徙來這福佬竇歇，附近歇个都係福佬屎，正來个時節，同佢等講話愛比手劃腳，指天拍地正聽得識。出街買東西一定愛講福佬話，客家人同屙天仔（閩南人的別稱）講話，蓋像雞仔同鴨仔講話，有聽無懂，幾年後慢慢就聽得識唎。
>
> 現在𠊎仔還會講客家話，孫仔會聽但係毋曉講客話唎。

日治時期搬到中部的北客，大部分不會說閩南語，跟福佬人溝通還要加上手勢的輔助，買東西偶而還要透過他人的翻譯。福佬人長期看不起來此的客籍貧農，有「憨客人種水尾田，呷飯配醬菜，無買魚肉呷，『囓鬼』」的諷語。反之客家人也以貶損的語氣以「福佬竇、福佬屎、屙天仔」等語回嗆。另住六合村的田先生卻以不同的想法說：

> 𠊎鋪娘係大甲个客家人，降一男四女，三個妹仔嫁福佬人，一個嫁客家人，心白〔註18〕係福佬嫲，後生人都出外做事，剩老人家在屋家耕田。𠊎孫仔孫女都當會講客家話，出外佢等愛講國語抑係福佬話都無關係，在屋家𠊎規定全家人愛講海陸腔个客話。

田老先生現為富農之家，三、四十年前，其家數代同堂，整個家族有六、七十人，每餐要準備六、七桌飯菜，伙房很大吃飯要敲鐘，裝飯的飯桶也特別大，放在手推車上推。閩南人說：「阿娘喂！憨客人呷飯愛敲鐘，飯桶掛車輪。」現在兄弟早已分家各組小家庭，盛況不再；惟在家說客語還是很堅持，其全家都用客語和我交談。但是其他的報導人卻少有這種堅持，住在林內鄉烏塗村八十歲蔡先生說：

----

〔註18〕心白－xim ˇ kiu ˇ 客語媳婦的稱謂。

> 偓係新竹新埔人，光復第 2 年（民國 35 年）搬下來，正來个時節，
> 不時同福佬人冤家，福佬人罵客家人：客人猴、客人鬼。偓个大倈
> 仔做泥水，細倈仔在台電上班，一個心臼係福佬人，一個係古坑个
> 客家人，倈仔還異會講客家話，孫仔略略仔會聽，但是毋會講唎，
> 在屋家攏講福佬話，平平係客家人，鄰舍之間也當少講客家話。

烏塗村北客人數較少，只有二十幾戶，客家話使用不普遍，在家又不說客語，再過幾十年，也會步向西螺、永靖地區一樣變福佬客。許多孫子輩的不會說客家話，最重要的原因就是與閩南人通婚娶閩籍媳婦造成，導致孫子的母語直接變成福佬話，無法再繼續傳承客家話。莉桐鄉六合村八十九歲的徐先生也感慨的說：

> 大正 14 年（1925）徙來莉桐，偓餔娘係福佬人，盡會講客話，心臼
> 係福佬人毋會講客，徙來這八十五年唎，孫仔輩無麼个會講客話唎。」

住同村的七十八歲的曾先生說：

> 餔娘人係福佬人，學啊當會講客話，三個心臼，大个客家人，兩個
> 細个係福佬人。倈仔還會講客，到孫仔就無半息，全部反淨淨毋會
> 講。

有一些長者娶閩南人爲妻，會說流利的客家話，但是第二代或第三代的閩南媳婦則不然，有些願意說客家話，如林內鄉林北村八十九歲的高先生說：

> 偓係中壢人，徙來林內七十零年，倈仔還當會講客，心臼係福佬人
> 也盡會講客家話，但是孫仔輩都毋會講客話。

雖然媳婦會說客家話，但是孫子卻不會說，這種嚴重性已普遍發生在許多客家地區，這不是特例，是當初國民政府實施語言政策，嚴禁台灣人說母語的後果。住林北村今年五十六歲的黃女士說：

> 吾老屋家在新竹峨嵋，吾爸七歲徙來林內，偓在林內出世，讀書个
> 時節國民政府推行國語政策，禁止學生講母語，無細義講著客話，
> 還會分先生掛狗牌仔。偓先生福佬人，吾个細人仔從幼稚園開始，
> 老師就禁止講母語，還教小學生，講母語係鄉巴佬，不入流的國民，
> 導至我的小孩都不敢說客語。

六〇年代國民政府的禁說母語，讓五十歲左右的人幾乎都有「請說國語」的掛狗牌和被罰錢的經驗，當時的政策矮化了客家人的尊嚴，也剝奪了客家人的天生語言「阿姆个話」，這種強烈消滅母語的結果，已讓客家話面臨存亡危機，

政府雖知其嚴重性，但如今要重新拾回，談何容易？

　　客家人除了早期受到的禁說母語壓迫之外，另一項威脅就是受到週遭環境以及後代婚姻關係的影響。從彰化二林嫁來莿桐，今年八十歲的黃女士說：

> 𠊎等以前乜係從新竹搬到二林七界八間仔，人做媒人正嫁來這。兩個倈仔，大心臼係福佬人，細心臼係印尼客，倈仔還會講客話，孫仔攏總毋會講客話咧。同福佬人攞久吔，就盡少講客話。有時節會同屋家人講，有時節又無嘛講，孫仔多少會聽，旦是毋講。𠊎等本底講海陸，嫁來正講四縣，因為家官講：「愛講四縣，無會背祖」。

住林內鄉林中村八十五歲的胡先生說：

> 𠊎屋家歇苗栗銅鑼，民國四十二年徙來林內鄉，降二男二女，妹仔一個嫁福佬籍一個嫁客籍，心臼都係福佬人，倈仔還當會講客話，孫仔就毋會講咧！以前餔娘同福佬人相吵，分人罵憨客人，吾餔娘就會大聲撐轉去，「我敢會憨呢？我比妳較巧，我會曉講恁福佬話，但是妳麥曉講客話，妳才憨。」

原本住在新竹六家地區說海陸腔，今年七十五歲的許先生已經不太會說客家話了，他很無奈的說：

> 日本時代吾爸摎阿叔兩兄弟共下下來，因為阿公分阿婆招，愛抽豬嫲子，故所阿叔跈阿公姓曾，許骨曾皮，現在邸烏塗村。𠊎討福佬人毋會講客話，因為在屋家無對手好講客話，全講福佬話，連自家個客家話都無麼個會講，子女全變福佬人，毋會講客話咧。

從以上報導人的敘述可瞭解，婚姻關係及週遭環境的影響力，絕不亞於政策上的指令。我們都知道一個人從出生開始，所接觸的第一語言是來自於母親，而移民於此的北客，除了第一代以外，從第二代開始的婚配對象，幾乎都是閩南人，因此這批來自於桃竹苗地區的客家人，他們的後代已經開始產生質變，成為不會說客家話的客家人。莿桐鄉六合村七十歲的謝長森先生說：

> 兩個倈子還會講客語，大心臼福佬人會聽毋會講，細心臼係苗栗客家人會講客話。孫仔就毋會講咧，淨會聽定定，你同佢講客，佢就應華語，像「好啦！」「阿公食飯咧！」、「食飽無？」簡單吔會講。

這是筆者的親叔叔住莿桐鄉六合村，從小我就會跟著姑姑和哥哥一起去叔叔家玩，有一次還從彰化二林的家，走路到雲林莿桐鄉找叔叔，那時候我就知道，二林和莿桐住著許多和我們講同一種話的人。現在娘家哥哥的兒子，對

於客語只會聽不會說，回娘家時我會要求他們說客語，但只能用一、二句客語跟我交談。叔叔那邊也好不到哪裡去，田調期間與堂弟妹們用客語聊天，堂姪兒、姪女卻只能用國語、閩南語跟我交談，偶而我會故意要他們說一兩句客語。

## 四、語言的同化

移居濁水溪畔的北客，經過數十年傳至三、四代以後，語言幾乎被閩南人同化，筆者從 2009 年起在本地區田調期間，三十歲以下的年輕人幾乎不會講客家話，三十歲至四十歲大概有三成，五十歲的壯年人還有五成，五十歲至六十歲會說母語還有七成。訪談期間只有七十歲以上的老年人，能以流利的客語跟我交談。若遇到七、八十歲的老年人，就會很親切跟我說他們的故事，從早年的遷徙過程講到現今的生活狀況，對客家話被同化的問題，都會感到憂心與不捨，他們的內心都很煎熬，這是爲了融入在地化的生活，不得不向現實低頭的窘境。

三年多來，筆者陸陸續續在林內莿桐做田調，只有日治時期或光復初期，從桃竹苗移居此地者還會說客家話，也只有這部分的北客，才會承認自己是客家人。根據諸羅縣志記載，清朝時期的本地客家人約佔半數，現已幾乎被同化。任何語言的民族，部分人搬到別的語群裡居住謀生，都無法避免被同化的命運，因爲離開家門，面對九成以上講不一樣話的人，爲了經商、事業、工作、讀書或是日常生活瑣事，爲了適應環境會逼著你去學他們的話，否則寸步難行，這是因應環境而不得不的妥協。

上述林內、莿桐兩鄉的抽樣訪談，不管從日治時期就已移民林內莿桐，還是光復後才移居至此的北客，面對快速轉變的社會，農村也從純務農到半農、半商、兼工廠做工的生活。由於交通便利公路四通八達，務農的工具也改以機械化，使人與人間的互動快速，若有共通的語言，做事會更方便。六十年來政府強力推行國語，閩南人又占多數，致使在此謀生的北客，母語的保存發生危機，移民三、四代後，語言將無法避免被同化的命運。

## 小　結

客家語言快速的失落，成了我們心中的痛，既無能爲力也沒有更好的因應辦法，應該怪政府的語言政策或是大環境使然，或是家庭和父母的卸責所

造成？我們該如何來看待？客家話的流失速度，筆者在此地感受了急速下降的隱憂，從日治時期至今不過六十幾年的光景，客家語在這些北客族群的對談中，已逐漸喪失流行性，即將淪爲街頭的點綴語，或許在不久的將來，也會隨著這些高齡的報導人的離去而消失殆盡，成爲下一個世紀的另一群「福佬客」。

## 第四節　閩客間的習俗差異

閩南人與客家人的先祖同樣來自於中國大陸，更同時在台灣這塊土地上落地生根。無論從國籍或人種及外觀的膚色上都是一樣，唯一的差別就是語言，語言的差異雖有距離感，但經過學習及日常生活的應用，很快可以融合，如上述語言同化的過程。除此還有一些如信仰、祭祀、建築及生活上的習俗等，筆者就以此地北客與在地閩人的互動中，來分析閩客間彼此的差異與雷同。

### 一、信仰與祭祀的差異

閩南人和客家人一樣，移居臺灣後，在墾殖過程中也恐懼盜匪的侵擾，擔心各種無法預知災難，除了祈求神佛與香火保佑平安之外，幾乎別無良策。閩南人的信仰包括著古代的自然崇拜、庶物崇拜和靈魂崇拜等原始宗教，也包括道教和通俗佛教及儒家思想等多神教在內。因此當這些宗教和思想累積混合以後，就構成了巨大的民間信仰體系。其中道教所佔的比重最大，佛教次之，這和客家人的宗教信仰體系一樣，僅在部分儀式及禮節上有所差別而已。

其實任何宗教都是勸人行善，不管哪一個教門的神祇，都以其令人敬畏的教義使信徒崇拜，進而使信眾在其神威下不敢爲非作歹。隨著時代的改變，年輕一輩普遍接受較好的教育，對於鬼神的信仰已漸漸淡化。住在這裡的客家人拜甚麼神都一樣，不管閩南還是客家，只要會保護他們就好了。也有少許人信奉一貫道、天主教及基督教。

#### （一）伯公與五營

伯公信仰與五營將軍是台灣民間信仰的重要一環，台灣善男信女崇拜神明的目的，不外是祈福求平安，因此神明的「靈驗」與否比較不在乎，在乎

圖 4-47　吊掛在燈樑上的天公爐

的是「有拜有保庇」的一種心靈依偎，也是民眾心中的另一種寄託。移民此地的客家人，除了每天早晚必拜家中安奉的神明之外，農曆初一、十五也會準備牲禮拜伯公。但是在地的福佬人卻不一樣，雖然家中也安奉神像，並沒有天天拜，僅在初一、十五才有點香拜拜而已，另外他們也很少拜土地公，要有年節或是特別祈求時才會去拜，平常都以拜村莊四周的五營將軍為主，這是屬於莿桐鄉六合村在伯公信仰方面的例子。但林內鄉的林北村因客家人佔多數，僅有一處伯公廟而已，因此成為此村的唯一信仰中心，並無五營將軍廟的設置。

圖 4-48　閩式的公媽龕　　　　圖 4-49　客家式的阿公婆牌

（二）阿公婆牌和天公爐

　　基本上客家人的祖宗牌位與閩南人不同（閩南人稱為公媽龕），客家人的祖宗牌位比較大，除寫上堂號之外，還會將歷代祖先的名字及祖婆的姓氏寫上，非常完整。閩南人的祖先牌位比較小，外型也有差別，上面僅寫「○氏堂

上歷代祖考妣之神位」而已，因此從外觀上來看閩南與客家的祖宗牌，可立即分辨。

至於天公爐的安放位置，早期客家人大都安放在自家門前的牆上，或禾埕（晒穀場）尾另置天公爐。但是住在這裡的客家人，他們天公爐的設置卻和福佬人一樣，都是吊掛在正廳的燈樑上，從上香拜神、拜祖先、拜天公都在室內的神明廳進行。另外拜神明和祖先的順序也不同，福佬人主張從大到小，天公最大，上香時一定先拜天公，再依序拜神明、祖先；早先客家人認為祖先最大，在家就要先拜祖先，再拜天公、神明。可是移居此地之後，家中安奉的眾多神像，其神威較大，因此上香時先拜神明，再拜祖先，最後再拜天公。

## 二、北客的互助交流

### （一）打粢粑

凡是從桃竹苗地區移民來此的北客，不管彼此之間是否有交情，或者認不認識，只要知道哪家有事，不管是農作收割或是菸葉的收成，喜事或是喪事，定會自動前去幫忙。據烏塗村的張先生說：

> 以前𠊎屋家邸苗栗公館鄉，民國 38 年全家徙去高雄小港，民國 42 年再徙來烏塗村歇，討心臼時節有打粢粑，上背徙下來个隔壁鄰舍會自動來摀手，毋使人喊，該下愛打盡多粢粑分人客食，差毋多愛打一石零，全部攏愛靠佢等个摀手，係無耐毋何。打好个粢粑除了請來食酒个人客先打點以外，自家个內親愛轉吔時節，還愛包一包分佢等帶轉去做等路。討新娘較有打粢粑，嫁妹仔較無。

平常若有北客娶媳婦，主家大多會沿襲家鄉打粢粑的習俗請客，製作大量的粢粑，就必須靠這些北部鄉親的幫忙，大家都很有默契，同心協力製作粢粑，絕不會偷懶。粢粑的量很多，在宴席開桌前讓客人先嚐食，才不會太餓，另方面有吃甜賀喜之意。喜筵後主家也會準備一小包一小包的粢粑，讓至親好友當伴手禮來回敬他們的祝賀。通常要娶親才會打粢粑，嫁女兒比較沒有。

### （二）扛桌椅與分菜尾

早期的北客若有人辦喜事，娶媳婦或嫁女兒時，鄉親們不但會挪出時間義務性的幫忙，還會自動自發將自己家裡的桌椅、碗盤、托盤、菜刀等等，拿去借他。六合村的張先生說：有人做好事做鬧熱个時節，將自家屋家个托

盤、桌凳、菜刀同砧板，麼个東西都拿去，婦人家**撐手**煮食、擇菜、切菜，男仔人就擎桌凳、擺桌凳、挷布棚，做裏做該尋事頭做。那時候的喜慶大都在家裡舉辦，沒有像現在的外包筵席或是到餐廳宴客，幾乎都是靠隔壁鄰居和附近親朋好友們的義務幫忙。從搭棚布到筵席的掌廚及菜餚的端送，全部由這些人員分工合作，他們都知道誰該負責哪一項任務，不但默契十足，而且任務搭配的相當好，並可以準時上菜，讓賓主盡歡。

宴席結束後還要繼續幫忙，如有剩菜全部收集倒在一起，放進大鍋裡燜煮，再用錫桶裝好，然後由兩個婦人一前一後的扛著，挨家挨戶的分送，那種合菜的香味遠遠的就可以聞到，是鄉下人家期盼的另一種美味佳餚，也就是古早味的「菜腳」或「菜尾」。六合村的田先生說：

> 食剩个變菜尾，有**撐手**个就發菜腳，這菜腳緊煮緊好食。現在个喜事無菜腳吔，菜尾乜無人愛食咧。

以前的農業社會很少有大魚大肉可以吃，要年節或喜宴場合才有機會一嚐美食，即使是綜合的剩菜也是美味可口的。如今時代進步，交通便利，既使鄉村農家也豐衣足食，不再像以前那樣的「糟腸挷肚」。〔註 19〕因此，「菜尾」這種剩菜以現代眼光來看，不但不衛生還有傳染病的疑慮，想必大家也不太敢吃吧!

現代的婚慶喜宴都有專門辦桌的廚師團隊，不必像早期的勞師動眾，須動員一大票的親朋好友，一家喜事大家忙的情況。田先生又說：

> 有兜人做好事時，還會劏豬劏羊，大家會互相**撐手**，有來有去，有兜平常時還會相尋，較近的比較會。現下做好事無喊人**撐手**，就較無來去咧，都分人辦桌，好事無相請就無共下。

除了幫忙打點一些煩雜事務之外，主家還會殺豬殺羊來做菜，這些也是大家幫忙的重點之一；過去的景象雖然忙碌，但是彼此之間，可藉由共同的分工合作來聯絡感情，不至於疏離。這種過去的共同記憶已跟著時代改變，隨著老一輩的凋零而不見了，只剩下腦海裡的歷史記憶而已。

## （三）賣豬與做兵

在北客們的心裡都知道，移居他鄉要落地生根，只有靠團結的選項才能達到目的，否則身處異鄉，不但要面臨無米之炊，還要克服語言不通的窘境。

---

〔註 19〕糟腸挷肚－zoˋ congˇ iaˋ  duˋ腸胃中缺乏油脂而感到不舒服的狀態。

住林北村今年八十四歲的江女士說：

> 以前大家當團結當有人情味，村肚係有人愛賣豬仔時節，就會去**捵**
> 手徙秤頭，驚分買豬仔个頭家撮假，偷斤減兩賣無錢。

除了面臨生活困境與語言的隔閡之外，更重要的就是，收成的東西或是蓄養的豬隻要賣，經常會受到商家的欺斤騙兩，次數多了之後，大家都有默契的主動前往幫忙，不會任人欺壓。

不但買賣如此同心，就是人家的兒子要當兵，前一天晚上大家也都會前往歡送，並送紅包表達送行之意。江女士還說：

> 頭擺人做兵，頭一暗晡愛歡送，包紅包分佢，望佢做兵順序轉來，
> 阿爸阿姆準備幾桌酒席來請這兜人，第二日愛出發个時節，大家還
> 會去鄉公所送上車，放紙炮仔。愛出發去做兵，後生人就會開始流
> 目汁緊嗷，嗷啊盡大聲，因為從來盡少出門會心焦。

以前當兵不像現在這麼輕鬆，不但資訊不發達，也沒有電話可以聯絡，僅能以書信往返，放假時間也少，而且當兵年限至少二年。日治時期的年輕人經常被派往南洋當兵，經常有去無回，生死難預料，當父母的除了擔憂之外，也別無他法。

光復後的國民政府時代也一樣，戒嚴時期戰爭體制非常危險，因此當親友們得知某人的兒子要當兵時，也都會心存不捨，於當兵的前一晚，前往他家聚餐餞行之外，還會包個紅包給他壓驚，希望當兵期間能夠逢凶化吉，能夠平安歸來。次日當兵行前也要買鞭炮歡送，表示能為國奉獻是一項光榮。

### （四）歪事與抬重 [註20]

生與死是每一個人都會面臨的問題，處理的方式也有所差別，與種族、族群、地域相關。筆者從田調中發現，客家人對於「死」比「生」更重視，尤其是來自於桃竹苗地區的北客。住六合村今年八十四歲的張先生說：

> 歪事較要緊，人生最後一擺，人在困難時，愛增佢一下，同佢增光
> 榮，良心上自動會去。好事無去無相關，歪事無去做毋得。

在他們的觀念裡總認為，人生在世，一輩子辛辛苦苦為生活忙碌，為子孫勤勞打拚，當有了田地及房屋之後，還來不及享受時，又要離開這個世界，至少在歸於塵土之前，同鄉老友能夠再聚聚，為當初離鄉背景時所遭受的苦

---

[註20] 客語的歪事與抬重，就是「喪事」與「抬棺」。

難與艱辛的過程做完結篇，風風光光的離開，讓心中無憾。

　　一般民間認為有人過世是不吉利的，怕被沖煞而影響運勢，唯恐避之而不急。但是北客們正好相反，只要聽到有人過世，隨即過去探詢慰問，幫忙處理後事。張先生還說：

> 喪事愛抬重，愛先借大索，還愛捧手牽布棚。桌凳、碗盤愛借，三十年前就有專門租桌凳同碗筷个。

　　以前喪家的後事，很少由外人處理，大都由同鄉來幫忙，包括搭篷子、抬棺人員及用具等事宜，都需要不少人力來支援。喪家的許多繁雜事務也需要婦人幫忙，不但要自帶鍋盆碗杓，還要扛桌挑椅借喪家使用，幾乎就像自家一樣煮三餐之外，還要幫縫孝服。住林北村今年九十歲的范女士說：

> 係有人做歪事，隔壁鄰舍愛帶盆頭、鑊仔，還愛挶桌挶凳，婦人家愛捧手煮食，還愛擎孝服。

　　出殯時要送葬的棺木，也是由比較強壯的鄉親來抬。范女士繼續說著：

> 扛大屋〔註21〕愛八個人到十二個人一組，一擺八個人扛，十二個人輪流扛。有時節大屋會盡重時，愛同佢講：「偃挶你捧手，你毋好整琢偃」，講過後大屋就無恁重。扛大屋个人，一儕分一堆茶箍、一條面帕。係有沖煞，愛用黃麻布、香精骨、棺木片三種，每一項拿七小截仔泡水洗就會好。

男人幫忙抬棺木，要八至十二個人輪流扛，有錢人買比較好的棺木。有時死者故意搞怪，出殯時扛起來特別重，旁邊的人就會對著棺木喊話：「我們都是來義務幫忙的，你不要故意刁難。」很奇怪的是，喊話過後，棺木就變輕了。扛棺者沒有工資，每人發一條毛巾，一塊肥皂而已。若有人被沖煞身體不適的話，要向喪家索取黃麻布七小段、香骨七小段、棺材木七小段泡熱水洗澡去煞。

　　北客的這種互助的情形已隨著時光而消逝，現在的婚喪喜慶都有專人包辦，大家很少往來，年輕一代的幾乎不認識，過去的團結與親密感只能當成回憶。

## 三、農事生產的換工

　　客家人與閩南人的差異，除了表現在上述的婚喪喜慶之外，也表現在農

---

〔註21〕扛大屋－gong´ tai vug丶－扛棺材，客語的說法，將棺木比喻為死後的房子。

事生產方面。客家人無論任何事情，都會互相幫忙，不會太計較，只要能完成工作就好。原居苗栗三湖現住六合村的張先生說：

> 以前蒔田割禾都換工，一班割禾人員愛有十五、六個人正蝦人手，四、五個人割禾，打禾六個人，一個專門拉稈屑，二個人紮稈，二、三個人擎穀包，恁呢正有足班，有好輪流。擎穀包愛看路草同穀包个大細，以前無牛車時用米籮擎，有時二、三個人，有時五、六個人擎。割禾一日食五餐，四、五點就愛出門。若分人做貌事，割禾班个二、三點就愛先食朝後就出門，有兜人就會取笑講：「你這兜人同鬼相爭搶食係無！」故所，割吧一下仔正會天光，穀包不時有露水攏溼溚溚。

早期收割稻穀，都是靠人工完成，因此需要人手多，通常一個割稻班的人員要十五、六個人左右，從開始割稻到完成，進行過程中都要按照順序及規則，不得馬虎。分配割稻子的人要提早到田裡先割，大概要四、五人，另六個人負責甩打穀粒，一個專門清除穀粒的雜屑，二個人負責紮稻草，其他負責背扛裝好穀包的要有二到三人。這十幾個人中，除了背扛穀包需要比較強壯的男性之外，其餘的工作都需要輪流，每一個人都要熟練割稻的技巧與整個脫穀粒的過程。一般割稻子時，一天吃五餐（三餐正餐，兩餐點心），而且要趕早，因此早上四、五點就要出門，六、七點時主人家就會將煮好的早餐挑到田裡讓大家用餐。

如果家裡有種稻的人，都希望別人也能夠來幫忙，因此聽到有人家的稻子要收割時，會自動加入，以便成為班底成員，到時自家要收割時，就不愁沒有人手可幫忙，也不用再花錢請人。但也有人為了要賺外快，另外成立收費的割稻班，這些人不但要早起，更是在凌晨兩三點就下田工作，因此常被人取笑說：想和鬼搶食。由於天未亮稻子仍帶露水就被割下來，穀子潮溼穀袋重量也增加，背穀包者也倍感吃力。

以前的客家人口不多，常被人口眾多的閩人欺負、瞧不起，因此在某些時候會顯現團結的模式，這種團結是自動自發，不用遊說也不用刻意徵詢，只要大家有需要或者有難，絕不推託，還會互相走告集結人員一起幫忙。尤其是要插秧或割稻的農忙時期，雖然每家每戶都有耕種，收割期也接近，甚至撞期，但是他們都會事先商量好，看哪家穀子較熟黃，比較急迫須先收割，依此類推，直到所有成員的稻穀全部收割完成。若是農事工作量比較多的人家，自己幫別人天數少，別人幫忙的天數較多時，必須補貼天數落差的金額

給他們，這樣做起事來心裡比較平衡，才會一樣盡心的賣力工作。這種互換人工方式，比直接請人來工作較快完成，而且不會延宕時程。因此北客們在此的農事種植及收成，幾乎都是靠這種「換工」模式來完成。據光復後才搬到六合村的謝先生說：

> 就偓所知，以前這種「換工」方式淨客家人有，後來福佬人看到客
> 家人用換工來蒔田割禾，又遽又好，又乜跈等加入，同大家共樣跈
> 班仔。

從報導人的敘述得知，北客從日治時期就有這種換工模式，但當地福佬人卻沒有，是後來看到客家人的這種合作效率，不但可以直接由大家來共同分擔農務，而且輪工方式的默契非常好，絕對不會怠惰，後來也漸漸地加入客家團隊，與客家人一同進行「換工」。現代這種農事換工的互助方式已經式微，由機械所取代，過去人們彼此間的合作默契與情感，已隨時光流逝。

## 第五節　寄藥包的醫療模式

　　筆者記得小時候住在鄉下，因離市區有段距離，在醫藥尚未發達的年代，平常若患了小感冒或是肚子痛，吃些家裡寄放的藥包，即可緩解，不必再到市區看醫生。這種藥包在鄉下的農家幾乎是家家必備的急救良藥，除了可以救急，還可以減少看病的時間及金錢的花費。藥商每個月會固定來兩次，檢查用藥情形，順便補貨和收帳，補貨的時候會依照人口數量放藥。在那個時代，確實讓鄉下人減少許多麻煩，也從未聽說吃了藥會造成什麼意外，大家都深信不疑。對於寄藥商而言，這是一種獨門生意，沒有人會搶生意，也沒有人會殺價，更不用推銷，寄藥者們彼此調配寄放民戶區域，絕對不會重覆寄放。這種寄放方式直到五、六○年代，由於醫藥的進步，工商業的發達，電視廣告的宣傳，鄉民對於寄放的藥包逐漸存疑不再服用，漸漸的捨棄了，寄藥包的方式就這樣隨著消聲匿跡。小病痛就到街上的西藥房買點成藥吃，較嚴重者才到診所看醫生。

　　然而筆者卻在林北村彭厝聚落的田調中，意外的發現了許久不見的寄藥包，在消失了近半個世紀之後，竟然重現眼前，實令人難以置信。當七十七歲的鍾女士拿出寄放的藥包時，筆者還半信半疑的將藥包裡面的藥品，一一拿出來檢視，的確千眞萬確，跟小時候的記憶完全一樣。她的媳婦也在一旁用華語幫腔說：

> 寄藥包的一個月來兩次，是彰化和美鎮人來這裡放的，他是放整條
> 線的，沿線還有很多人，但是我們村只有我們這一家，因為我們這
> 裡前不著村後不著店，要不然要到林內街上很不方便。寄藥的來了
> 之後，會將舊的藥收回去，再拿過新的。

林北村是屬於集村型，並非單家園屋式的散村，他們的隔壁鄰居尚住著其他
同宗族的人，不是偏僻地區。鍾老太太拿起一種像似正露丸的藥說：

> 倨毋會騎車仔，也毋會麼个，這藥丸仔食屙痢肚異有效，肚屎係咕
> 嚕咕嚕吧時節，在屋家拿出來食食啦就好，係屙痢肚屙吧幾下日，
> 食一粒就會好。若係熱到吧時節，這種藥粉仔摝茶食食啦就好。

她的媳婦吳女士拿著一小包的藥接著說：

> 平常我是不吃藥的，但是喉嚨痛時吃半包就好了，效果不錯。有時
> 候頭痛的要命，這種感冒藥水喝半瓶就不痛，這一瓶藥才 13 塊錢，
> 這包藥粉一包才 8 塊錢，那種一包才 5 塊錢，去診所看病一次要 100
> 元，還不見得會好。但是這個藥包的藥，吃一次才 5 塊錢而已，便
> 宜又方便。

從以上所述可以了解到雖然時代進步了，但這地區的民風卻非常純樸，既使
是科技發達的資訊時代，他們仍保有早期的傳統觀念以及農業社會的生活模
式，還保有客家人的省儉習慣。基本上這種寄藥包的方式，就像現代一般家
庭的急救箱一樣，差別在於以前的急救包是屬於內用的口服藥，現今的急救
箱是屬於外用的傷敷藥。早期的農業社會，尤其是交通不便的偏鄉地區，除
非是重大疾病或是傷重病患，否則這種家庭的寄藥包，對於一些輕微症狀的
鄉民來講，既經濟又實惠。

圖 4-50　藥包與數量單　　　　圖 4-51　使用藥品數量

 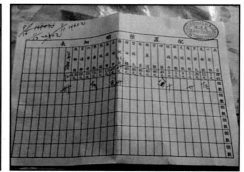

圖 4-52　藥丸與粉劑藥包　　　　圖 4-53　玻璃瓶裝的藥水

# 第五章　結　論

　　雲林縣莿桐鄉六合村及相鄰的林內鄉林北村、林中村、烏塗村等以上四村皆在濁水溪的南岸，日治時期河堤未築之前全為砂石的河壩地。台灣的氣候在夏秋之際颱風多、雨水也多，豐沛的雨水從上游流下，每年都使濁水溪氾濫成災，尤其在溪水出山口的林內、莿桐兩鄉，經常首當其衝，使得開墾的農民常飽受水患之苦，農地及作物年年都被洪水沖走甚至流失。到了大正5年（1916）日本政府開始修築堤防整治濁水溪，兩岸的砂石浮覆地，被大地主掠走再對外招租，因此吸引大批閩客移民來此佃墾砂埔地，從日治到國民政府兩個朝代，經過數十年的開發及填土改良，濁水溪南北兩岸墾成良田數百甲的宜農區，人口也越聚越多，其中包含本文所要研究的來自於桃竹苗地區的北客遷入。

## 第一節　北客的過去與現在

　　北客大部分來自新竹州山區，那地方山多田少，土地又大部份集中在大地主手中，佃農人口漸多生計困難，加上天災肆虐，尤其關刀山大地震時傷亡慘重，迫使貧農往南遷移尋覓更好的謀生所在。焗腦的腦丁因北部樟樹砍罰殆盡，不得不往南尋找事業第二春，日本政府為了稻米及蔗糖的掠奪，政策性在全台成立許多官營及民營的農場，到桃竹苗地區大量招募佃農去開墾農場，生產稻米及糖供應日本國內所需。對於墾荒及貧瘠地的種作很內行的北客，大舉遷徙全台各地。遷居到雲林縣莿桐鄉、林內鄉開墾濁水溪浮覆地的客家人，有些還被閩籍農人笑說：「憨客人耕水尾田！」因為土壤較好的土

地與耕地，都被附近的閩籍農人捷足先登了。離鄉背井的北客到此購到的或租到的土地，都是較差的石礫地，或是灌溉困難的水尾田。幸好濁水溪帶來大量肥沃的粉沙泥，灌溉三、五年後，沉澱的粉沙泥使砂礫地變爲良田。這些善於耕種山間高低起伏無水土地的北客，來到此平原地帶又有水可以灌溉的地方，眞是「屙尿對膦笑」。〔註1〕

從日治時期南遷的北客家庭，至今將近百年的歷史，傳承四代人了（有些早婚者已第五代），生活習性及語言信仰幾乎已被閩籍同化，南下創業的第一代大多作古了。田調期間，除了部份五、六十歲以上至七、八十歲的老人家，還能說著很流利的客家話和我話家常。但有些人回答我的問話，必須停頓一下想了老半天才能回應問題，問起客家典故及從前南遷的回憶，似乎有遙遠的感覺；偏僻的農村受教育不多的農民，偶而還會有一、二位以懷疑的眼光把我當做詐騙集團，拒絕接受訪問。在移居地出生五十歲以下年輕一輩，大部份不會說客家話，變新一代的福佬客。

台灣光復前後南遷的北客，都能以流利的客語和我交談，問起南遷情形，因爲只有短短幾十年記憶猶新。若是談起他們的奮鬥史，大都加油添醋描述他們的從前，這時候我只能振筆疾書抄錄。這一批北客南遷也有六十多年傳了三代人，到了孫子輩客家話幾乎不會講了，語言的傳承出現危機，言談間受訪的客家長輩們也感到很無奈，遺憾自己無法守住：「能賣祖公田，不忘祖公言；能賣祖宗坑，不忘祖宗聲」的客家古訓。

在桃竹苗山區耕種的作物皆以旱作，芋頭、蕃薯、花生、玉米爲主，極少數梯田種稻，土地大部分向地主贌耕，地主抽租以五至六成爲主，農民所得不多生活困苦。有些惡質的地主，別人出的租金較高，又會將土地轉租他人，致使佃戶全家的生活不穩定，日日都要爲「明天」擔驚受怕，而且爲了巴結地主，逢年過節還要送田主頭家自養的大閹雞，有時節氣新出產的蔬菜還要選一些送田主食新，如此才能保有土地的承租權，既使南遷林內、莿桐鄉贌田耕作，這邊的地主一樣很惡質，壓榨佃農的手段如出一轍。幸好蒼天無絕人之路，日本政府在濁水溪兩岸築堤，將河水束於河道中不再四處氾濫，變成浮出許多河川新生地。這邊是開發中的砂石地，地價不高，佃農全家辛苦工作數年後，都能慢慢購入屬於自己的耕地，消息傳回北部才會誘使大量北客南遷。

---

〔註1〕屙尿對膦笑，膦—lin丶男性生殖器，喻意非常高興地在內心裡偷笑。

　　客家古訓：「在家千日好，出門半朝難」，平時我們要出遠門三、五天就感到很不方便，帶東西經常掛一漏萬，有些人還會「揀床」在陌生的床上睡不著覺；客家人為了過好日子，延續著祖先的遺傳，遷徙……再遷徙直到新家能生存為止。生活在台灣的客家人，也不改其民族性，有北客南遷，南客北遷等搬來搬去的情形，早期交通不方便，搬到太遠要見面很難，閩南人不願把女兒嫁給客家人，就是怕有一天客籍親家搬家了，害他們找不到女兒。人類在一個地方住久了都會有故鄉的感情，家庭的舒適溫暖是每一個人盼望的，離開這個家到陌生的地方再建立一個新家，要有很大的勇氣。客家諺語：「上屋搬下屋，毋見忒一籮穀」，因為遷移到新環境，不管時間或金錢多多少少都要受損。

　　無論是日治時期南遷的北客，或是光復初期南移的桃竹苗鄉親，在民國四十年左右，因政府實施三七五減租、公地放領、耕者有其田等土地政策，使佃農變成自耕農，大舉改善農民的生活空間。使他們在雲林縣林內鄉林北村、林中村、烏塗村及莿桐鄉六合村都能各擁一片天，雖然沒有培養出大企業家、大富豪、或是大官等名人，覺得有一點可惜。但田調期間觀察發現，當初大部分都是貧農之家才會南遷至此，奮鬥幾十年後都能擁有小康之家，從竹笐屋到現在的磚造平房、樓房，家家戶戶都能安居樂業衣食無缺，證明當初南遷的決定是對的。

　　北客移民曾經是日治時期及光復前後，分批分次的在台灣島內游移遷徙，筆者為研究遷到此區的人口數，特到莿桐及林內兩鄉的戶政事務所，查閱日治時期的人口遷徙紀錄。北客最早移民林內鄉的年代是萬延元年（1860年），也就是清咸豐十年，大量移入年的年代是在大正元年（1912）至昭和22年（1947）；北客移入莿桐鄉的最早年代是在明治34年（1901），人口移入較多的年代集中於大正8年（1919）至民國45年（1956）。這兩鄉的移入人口年代落差很大，而且聚落型態也不同，前者為聚村型後者為散村型，即便是產業方面也因土質關係，形成不一樣的產業風貌。近年則因農業產值的下降，農民生活不穩定，導致年輕一代多到外地謀生發展，很少留在家裡務農，田裡的農事耕種還是由七、八十歲的老農承擔。

# 第二節　研究發現

　　據黃衍明《雲林縣客家二次移民之研究》（2009年），針對雲林縣當地的

客家族群進行基礎普查工作，透過田野調查及在地耆老、文史工作者的訪談發現，雲林縣除了西螺、二崙、崙背地區所屬的「詔安客」之外，斗六、古坑地區所屬的「前粵籍九庄」，還有斗南、大埤、嘉義溪口等地所屬之「新街五十三庄」之外，尚有爲數可觀的北部客家二次移民，涵蓋範圍遠比預估中的廣泛。

　　筆者的研究是以莿桐鄉六合村，林內鄉林北村、林中村、烏塗村等四村爲研究範圍，也是雲林縣北客聚居人數較多的地區。本研究的目的在於探討桃、竹、苗北客二次或多次遷徙的過程與經歷，發現自清朝以降經日治到民國歷經三個朝代，他們爲何遷徙此地的緣由，還有南遷後的生活概況，以及未來展望等等。因爲是客家文化研究，爲了忠於原音原意，所以將報導人的訪問稿，皆以客家語漢字書寫，客家話有許多腔調、客家字的用法，要能聞弦歌而知雅意，較能呈現論述精隨。以客家字書寫訪談內文，會發生不同族群的讀者閱讀障礙的問題，同樣是客家人，若沒有學過客家拼音及客委會或教育部編的客家詞彙，一樣會有看不懂的感覺。這些問題不在作者考慮範圍，做爲學術研究，就要欣賞原文，就要去學作者書寫之語文，像英文書、日文書、德文書一樣。

　　黃教授書中訪談報導人以新竹縣居多，這種數據並無經過戶政機關的實際查閱，僅透過有限的受訪者所提的戶數乘以 98 年度各鄉鎮的戶政事務所統計的村里人口數，再以每戶的平均人口數來推估，此種移民人口數的評估方式是否正確？而筆者的人口估算是經由田調的實地訪談來歸納，再統計出桃園縣南遷人數較少約一成多至兩成，新竹縣與苗栗縣南遷人數幾乎一樣多，新竹苗栗南遷這四村的戶數佔七成以上，其他地方遷到這四村的戶數不到一成，根據戶政事務所查證的統計數字也相符（見表 3-2）。再者所訪談的對象有些是當初移民者本身，爲第一代或第二代，曾經走過那段遷徙的過往歲月，從他們的暢言中了解這段歷史，也將其一一記錄下來。

　　鍾肇文《客家人移民台灣中南部史》書中論述，大抵以客家移民南部爲重點，中部也只談到南投縣、北部中壢市等地區，雲林縣及彰化縣付之闕如，莿桐與林內則隻字未提。再說其談到客家移民各鄉鎮的論述過於籠統，各鄉鎮幾乎都一樣，明代、清代、日治、民國等各朝代移民概況，僅輕描淡寫一筆帶過，使人有霧裡看花的感覺。對於地區人文概況、產業活動、在地化信仰的改變、建築形式、語言的混合與失落、閩客間的差異等闡述不多。而筆

者以四個村為重點，透過田調訪問，以報導人的訪談內容做為第一手的資料蒐集，針對北客從清朝末年至今一百多年來南遷的原因、遷入後的生活概況、融入在地化的生活等項做較深入的研究，期望能描述北客於新故鄉的奮鬥史。

江運貴在《客家與台灣》一書強調，「運用科學方法，如 DNA 來闡釋，客家人是屬於亞洲蒙古匈奴的遠親，蒙古人種通古斯支脈之同族。」此種論述不知是否正確？江文還說：「客家人在二、三千年前從寒冷的中亞北部經中國西北部新疆蒙古，到中國中央地區，以黃河下游為集散地，不斷往南方播遷，追求舒適的生存環境」。這段文字的描述，強調客家人為了追求舒適的生存環境，不斷的遷移──再遷移，閩南人講的：「客人仔，住厝像掛車輪，隨時推著走」。如此形容客家人似乎入木三分。在台灣的客家人，為了追求更好的生活條件也一再移民、再次移民、甚至於多次移民。

林秀昭在《台灣北客南遷研究》和《北回歸線上的北客》兩本專書中，都是以研究北客南遷為主題，透過田調與分析將北客為何南遷？以及南遷後的一些在地化的探討，項目包括信仰、語言、教育、就業等均有論述。

1、《台灣北客南遷研究》此書，以高雄市區以及現今甲仙區、六龜區、美濃南隆農場為研究範圍。高雄市為工商都市，人口密集，以住高樓大廈為主，較少有客家集村或散村聚落，三民區及澄清湖週邊客家人較多，楠梓區有一部分，早期南遷的北客在此耕種或進工廠做工，有些是造鐵路的工人留此定居，隨著工商業發達吸引大批的讀書人、技術人員、工人來此謀生。

另甲仙埔與六龜里為現在的甲仙區與六龜區，為丘陵山區，清治或日治南遷的北客都以開採樟樹焗腦、做樟腦丸為主要產業，除此，總督府為了油礦的探勘與開發，也借重富有經驗的北客來此開採。故此書論述的產業重點，都以山地為主要區塊。筆者研究林內鄉林北村、林中村、烏塗村及莿桐鄉六合村等四村，是以落腳在濁水溪出山口南岸的北客為例，全部是開墾河川地，以蒔禾、種荼、菸葉、甘蔗等產業，以平原地耕種為主。日治時期美濃的南隆農場，雖然也是開墾河川浮覆地，耕種的農作物跟濁水溪畔一樣，但南隆農場為政府政策性補助所開闢的私人農場，北客為農場招募的傭工。而遷移至林內、莿桐的北客，多為自立更生佃田耕作的佃農，或是以桃、竹、苗土地「脫衫換衫」，來此以地換地購買更寬廣的土地的自耕農，南遷的基本目的不一樣，靠以謀生的工作也不相同。

2、《北回歸線上的北客》一書，以北客南遷嘉義地區為研究範圍，作者

以溫紹炳教授形容的新竹地區為「八山一水一分田」為主，〔註2〕此地山多河少田不多謀生不易，才會迫使居民南遷，此種地形是在山區才有，平地都會區像新竹市、竹北市就沒有這樣的地形。作者以中埔鄉、竹崎鄉、番路鄉、大埔鄉、梅山鄉、民雄鄉等山區鄉鎮為主，探討腦丁為了焗腦而大量南遷嘉義山區，還有築鐵路的工人，林場木業工人等。南遷嘉義區的北客還保有義民爺的信仰，但是筆者所探訪的林內鄉及莿桐這兩處的北客聚落區，卻沒有義民爺的信仰，只有伯公、樟公善師等信仰。在人口遷徙方面，林老師以人口推拉理論為經，在地化現象為緯，作為北客南遷移居引線。筆者也是以此理論研究濁水溪畔北客南遷的移民現象，此點有相似之處。

## 第三節　研究限制與後續研究

本研究僅以莿桐鄉六合村，林內鄉林北村、林中村、烏塗村等四村為研究重點，其他村落仍有些許散戶，無法一一詳察。由於研究者本身資源有限又住在屏東，經常往返雲林地區做訪查，各個鄉鎮亦無鄉史可做輔佐資料，必須從基礎的家戶訪談做起，非常費時。再就是人口遷移方面的查閱，由於內政部嚴格控管「個資保護法」，查閱戶籍資料不易，因此無法將日治時期的戶籍資料與現代的做連結，以便了解日治時期移民此地的家族及後代的繁衍人口數，可做更詳盡的數據資料。還有各鄉戶政機關的所能提供的查閱方式不一，能提供本研究的資源無法做完整的平行資料。再者村長大多是當地閩人，年齡約為五、六十歲左右，對於早期北客南遷情況了解甚少，因此無法提供北客後代在此發展的資訊。筆者能力有限，許多無法完成的戶籍資料查閱，著述書寫有疏漏之處，願後續研究者能再接再厲使北客南遷莿桐鄉與林內鄉的論述，更完美的呈現與讀者。

---

〔註 2〕溫紹炳，〈由土地資源觀點分析客家人的特性〉《北部地區客家人遷徙南台灣學術研討會論文集》（台南：成功大學客家研究中心，2005），頁4。

# 參考書目

## 一、專　書

1. 十川嘉太郎，1936，《顧臺》，東京市：著者自刊。

2. 王東，1998，《客家學導論》，台北：南天。

3. 王振寰、瞿海源，2006，《社會學與台灣社會》，台北：巨流圖書。

4. 天下雜誌，1992，《發現台灣》，台北：天下雜誌。

5. 丘桓興，1998，《客家人與客家文化》，北京：商務印書館。

6. 台灣總督府，1999，《台灣總督府行政區域便覽》，台北：成文出版社。

7. 朱柔若譯，《社會研究方法》，台北：揚智文化事業。

8. 江運貴，1996，《客家與台灣》，台北：常民文化事業有限公司。

9. 吳連賞，2002，《雲林縣地名辭書》，雲林：國史館臺灣文獻館。

10. 吳中杰，2005，《台北縣客家居民和語言》，台北：台北縣文化局出版。

11. 吳中杰，2009，《台灣客家語言與移民源流關係研究》，高雄：復文圖書出版。

12. 邱彥貴、吳中杰，2001，《台灣客家地圖》，台北：貓頭鷹出版。

13. 宋光宇編譯，1977，《人類學導論》，台北：桂冠圖書。

14. 李得福，2010，《錢有角》，屏東：屏東縣客家事務處。

15. 李乾朗，1983，《傳統建築》，台北：北屋出版有限公司。

16. 林豪，1957，《東瀛記事》，臺北市：臺銀經研室。

17. 林衡道，1996，《鯤島探源》，臺北：稻田鄉土叢書。

18. 林正慧，2008，《六堆客家與清代屏東平原》，台北：遠流出版。

19. 林淑惠，2004，《台灣文化采風──黃叔璥及其《台海使槎錄》研究》，

台北：萬卷樓圖書。

20. 林滿紅，1997，《茶、糖、樟腦業與臺灣之社會經濟變遷》，臺北市：聯經出版。

21. 林秀昭，2009，《台灣北客南遷研究》，台北：文津出版社。

22. 林秀昭，2011，《北回歸線上的北客》，台北：文津出版社。

23. 林秀桂，2002，《尋根探源話莿桐》，雲林：雲林縣政府。

24. 林保寶，1998，《莿桐最後的望族》，台北：玉山社出版。

25. 松本一男，1996，《客家人的力量》，台北：國際村文庫書店。

26. 房學嘉，1994，《客家源流探奧》，廣州：廣東高等教育出版社。

27. 周鍾瑄，1962《諸羅縣志》，台北：台銀文叢本。

28. 雨青，1985，《客家人尋根》，台北：武陵出版社。

29. 倪贊元，1957，《雲林縣采訪冊》，臺北市：臺銀經研室。

30. 卓克華，2006，《寺廟與台灣開發史》，台北：國立編譯館。

31. 洪瑞福等，2004，《六堆發展史》，屏東：麟洛國小。

32. 徐正光，1991，《徘徊於族群和現實之間》，台北：正中書局。

33. 連橫，1977，《台灣通史》，台北：幼獅文化事業。

34. 高宗熹，1992，《客家人：東方的猶太人》，台北：武陵出版有限公司。

35. 根津清，1995，《客家：最強的華僑集團》，台北：絲路出版社。

36. 陳支平，1997，《客家源流新論》，南寧市：廣西教育出版社。

37. 陳正祥，1993，《台灣地誌—中冊》，臺北市：南天書局。

38. 陳運棟，1981，《客家人》，台北：聯亞出版社。

39. 陳運棟，1989，《台灣的客家人》，台北：台原出版社。

40. 陳柔森，1999，《彰化平原的族群與文化風錄》，彰化：彰化縣立文化中心。

41. 陳水源，2000，《台灣歷史的軌跡（下）》，台中市：晨星出版社。

42. 陳水逢，1968，《日本近代史》，臺北市：中華大典編印會。

43. 曾喜城，2004，《台灣客家文化研究》，屏東：美和新故鄉。

44. 曾坤木，2005，《客家伙房之研究》，台北：文津出版社。

45. 湯曉虞，2008，《台灣的農村》，台北：遠足文化事業。

46. 黃叔璥，1975，《台灣使槎錄》，台中：台灣省文獻會。

47. 黃榮洛，1989，《渡台悲歌》，台北：臺原出版社。

48. 姜義鎮，1995，《台灣的鄉土神明》，台北：臺原出版社。

49. 黃瑞芳等，2007，《地圖上找不到的客家桃花源——六堆》，台北：野人

文化。

50. 黃永川、李明珠，2006，《台灣歷史十一講》，國立歷史博物館。

51. 黃有志等，2006，《高雄市客家族群開拓史——回歸原點與文化追尋》，高雄市政府客家事務委員會。第一冊

52. 黃玉振、鍾孔炤，2008，《高雄市客家族群開拓史——心懷家園與慎終追遠》，行政院客委會。第二冊

53. 董天工，1961，《台海見聞錄》，台北：台灣銀行。

54. 葉振輝，1995，《台灣開發史》，台北：臺原出版社。

55. 葉倫會，2007，《台灣神明的故事》，台北：蘭臺出版社。

56. 張哲郎，1997，《北斗鎮誌》，彰化：北斗鎮公所。

57. 張維安等，2000，《台灣客家族群史——產經篇》，南投：台灣省文獻會。

58. 張素玢，2001，《台灣的日本農業移民——以官營移民為中心》，台北：國史館。

59. 張素玢，2004，《歷史視野中的地方發展與變遷》，台北：台灣學生書局。

60. 廖正宏，1985，《人口遷移》，台北：成文書局。

61. 廖泉裕，1997，《雲林縣發展史》，雲林：雲林縣政府。

62. 劉盛興，1996，《六堆客家建築欣賞》，屏東：屏東縣政府。

63. 鄧迅之，1982，《客家源流研究》，台中：天明出版社。

64. 鍾壬壽，1971，《六堆客家鄉土誌》，屏東：長青書局。

65. 鍾肇文，2009，《客家人移民台灣中南部史》，屏東：六堆風雲雜誌社。

66. 謝四海，2003，《二林區客家族群研究》，彰化：彰化縣儒林社區文教協會。

67. 謝四海，2007，《彰化縣二林區源成客家庄史》，彰化縣香草吟社。

68. 謝重光，1999，《海峽兩岸客家人》，台北：幼獅文化文化事業有限公司。

69. 蕭盛和，2009，《右堆美濃的形成與發展》，台北：文津出版社。

70. 羅香林，1992，《客家研究導論》，台北：南天書局。

71. 藍鼎元，1958，《平台紀略》，臺北市：臺銀經研室。

72. 基辛 R.Keesing，張恭啟，于嘉雲譯，1989《人類學與當代世界》，台北：巨流圖書公司。

73. Saskia Sassen 著，黃克先譯，2006，《客人？外人？》，台北，國立編譯館與巨流圖書。

74. 關山情等，1981，《臺灣三百年》，台北：戶外生活圖書。

75. 夏獻綸，1984，《台灣輿圖說略》，臺北市：成文書局。

76. 森宜雄、吳瑞雲，1996，《臺灣大地震：1935 年中部大震災紀實》，台北：遠流圖書。

77. 劉還月，2001，《台灣客家族群史——移墾篇》，南投：台灣省文獻會。

78. 劉還月，1999，《台灣客家風土誌》，台北：常民文化出版。

79. 經濟部水利署，2002，《我們的濁水溪》，台中：經濟部水利署。

## 二、論　文

1. 林秀昭，2007，《北客南遷高雄地區的開發與義民爺信仰之研究》，國立台南大學灣文化研究所碩士論文。

2. 徐正光編，2000，《歷史與社會經濟：第四屆國際客家學研討會論文集》，台北：中央研究院民族學研究所。

3. 徐正光編，2000，《聚落、宗族與族群關係：第四屆國際客家學研討會論文集》，台北市：中央研究院民族學研究所。

4. 莊英章，1995，〈在地化與與地方文化〉《台灣與福建社會文化研究論文集》，台北：中央研究院民族研究所。

5. 黃學堂，2006，《台東客家源流研究文集》，台東：台東縣桃竹苗客屬同鄉會。

6. 黃學堂主編，2010，《客情——東移池上客家情》，臺北：行政院客委會。

7. 黃啓仁，2007，《恆春地區客家二次移民研究：以保力村爲例》，國立台南大學台灣文化研究所碩士論文。

8. 瞿海源、章英華主編，1986，《台灣社會與文化變遷》，台北：中央研究院民族研究所。

9. 彭芊琪，2005《外省客家人的客家意識探析》，國立中央大學客家社會文化研究所。

10. 賴郁如，2009，《客家族群的再次遷移與內在關係：以屏東長治鄉爲例》，國立高雄師範大學客家文化研究所碩士論文。

11. 鍾文誌，2009，《內埔地區北客移民及文化之探討》，國立高雄師範大學客家文化研究所碩士論文。

12. 屏北區社區大學，2008，《第四屆屏東研究研討會——尋找屏東流域》，屏東研究研討會。

13. 成功大學客家研究中心，2005，《北部地區客家人遷徙南台灣學術研討會論文集》，台南：成功大學。

14. 彰化縣文化局，2005《濁水溪流域自然與人文研究》，彰化研究學術研討會。

15. 高至誠，2008，〈人與土地的對話：從排灣族的尋根之旅談起〉《第四屆

屏東研究研討會——尋找屏東流域》，屏東縣屏北區社區大學。

## 三、其　他

1. http://www.yunlin.gov.tw/content/index.asp?m=1&m1=3&m2=14

2. http://www.taiwan123.com.tw/local/name03-9.htm

3. 黃衍明，2009，〈雲林縣客家二次移民之研究〉，台北：行政院客家委員會補助大學院校發展客家學術機構研究成果報告。

# 附錄一　莿桐鄉遷徙人口

| 號次 | 姓 名 | 原 居 地 | 遷 居 地 | 遷徙年代 | 人 數 | 出生年 | 遷次數 |
|---|---|---|---|---|---|---|---|
| 1 | 曾○海 | 新竹州新竹市新竹枕頭山腳 | 台南州斗六郡莿桐庄樹仔腳五百五十六番地 | 昭和六年 | | | 二次 |
| 2 | 曾○雲 | 新竹州新竹郡舊港 | 台南州斗六郡莿桐庄樹仔腳五百五十六番地 | 昭和八年 | | | |
| 3 | 宋○照 | 新竹州中壢郡舊港 | 台南州斗六郡莿桐庄樹仔腳五百七十番地 | 大正十二年 | | | |
| 4 | 徐○信 | 新竹州大溪郡龍潭三洽水 | 台南州斗六郡莿桐庄樹仔腳五百六十七番地 | 昭和八年 | | | 二次 |
| 5 | 徐○彰 | 新竹州大溪郡龍潭三洽水 | 台南州斗六郡莿桐庄樹仔腳五百五十六番地 | 昭和八年 | | | |
| 6 | 廖○秀 | 桃園廳桃澗堡 | 台南州斗六郡莿桐庄樹仔腳五百五十六番地 | 大正三年 | | | |
| 7 | 黃○錦 | 新竹州苗栗郡公館庄福基 | 台南州斗六郡莿桐庄樹仔腳五百五十六番地 | 昭和六年 | | | |
| 8 | 黃○滿 | 新竹州苗栗郡公館庄福基 | 台南州斗六郡莿桐庄樹仔腳五百五十六番地 | 昭和六年 | | | |
| 9 | 姜○福 | 新竹州竹東郡寶山 | 台南州斗六郡莿桐庄樹仔腳五百五十六番地 | 昭和九年 | | | |
| 10 | 彭○是 | 新竹州桃園郡大樹林' | 台南州斗六郡莿桐庄樹仔腳五百五十九番地 | 大正八年 | | | |
| 11 | 羅○聖 | 新竹州桃園郡八塊庄 | 台南州斗六郡莿桐庄麻園五百七十四番地 | 昭和五年 | | | |
| 12 | 陳○富 | 新竹州苗栗郡銅鑼庄三座厝 | 台南州斗六郡莿桐庄樹仔腳五百五十六番地 | 昭和九年 | | | |
| 13 | 陳○祿 | 新竹州苗栗郡銅鑼庄三座厝 | 台南州斗六郡莿桐庄樹仔腳五百三十二番地 | 昭和三年 | | | |

| 14 | 徐○昌 | 台南州虎尾郡虎尾庄過溪仔 | 台南州斗六郡莿桐庄樹仔腳五百三十二番地 | 昭和八年 | | | |
| 15 | 簡○霖 | 新竹州桃園郡八塊庄 | 台南州斗六郡莿桐庄麻園五百七十四番地 | 昭和六年 | | | |
| 16 | 彭○火 | 新竹廳竹一堡隘口庄 | 台南州斗六郡莿桐庄麻園二百四十二番地 | 昭和八年 | | | |
| 17 | 鄭○城 | 新竹竹北郡 | 台南州斗六郡莿桐庄新庄仔二百七十一番地 | | | | |
| 18 | 許○泉 | 新竹郡六家庄斗崙仔 | 台南州斗六郡莿桐庄新庄仔二百七十一番地 | 昭和六年 | 10人 | 明治三十三年 | |
| 19 | 鄭○亮 | 新竹竹北郡 | 台南州斗六郡莿桐庄新庄仔二百七十一番地 | 昭和十六年 | 15人 | | 二次 |
| 20 | 曾○雲 | 新竹竹北郡番子坡 | 台南州斗六郡莿桐庄新庄仔二百七十一番地 | 昭和十九年 | 10人 | 明治二十九年 | 二次 |
| 21 | 曾○梅 | 新竹竹北郡番子坡 | 台南州斗六郡莿桐庄新庄仔二百七十一番地 | 昭和七年 | 38人 | 昭和三十五年 | 二次 |
| 22 | 林○水 | 新竹新埔庄大坪箭竹窩 | 台南州斗六郡莿桐庄新庄仔二百八十一番地 | 昭和十六年 | 10人 | 明治二十五年 | 二次 |
| 23 | 許○則 | 新竹州中壢郡中壢街過嶺 | 台南州斗六郡莿桐庄新庄仔二百八十五番地 | 昭和十六年 | 34人 | 大正四年 | 三次 |
| 24 | 曾○溪 | 新竹新埔街犁頭山 | 台南州斗六郡莿桐庄新庄仔四百十一番地 | 昭和十二年 | 9人 | 大正十一年 | |
| 25 | 陳○福 | 新竹州苗栗郡銅鑼庄 | 台南州斗六郡莿桐庄新庄仔四百四十四番地 | 昭和十四年 | 9人 | 明治三十九年 | 二次 |
| 26 | 宋○昌 | 新竹州中壢郡平鎮庄宋屋 | 台南州斗六郡莿桐庄新庄仔四百六十九番地 | 明治三十四 | 7人 | 昭和二十年 | 三次 |
| 27 | 田○清 | 虎尾過溪 | 台南州斗六郡莿桐庄新庄仔四百六十九番地 | 昭和十五年 | 26人 | 明治二十三年 | 二次 |
| 28 | 張○實 | 虎尾過溪 | 台南州斗六郡莿桐庄新庄仔四百六十九番地 | 昭和十五年 | 16人 | 明治三十年 | 二次 |
| 28 | 劉○漢 | 台中州大甲郡外埔庄 | 台南州斗六郡莿桐庄新庄仔四百九十九番地 | 昭和七年 | 7人 | 明治三十七年 | 二次 |
| 30 | 黃○泉 | 新竹州竹南郡頭份珊珠湖 | 台南州斗六郡莿桐庄新庄仔四百九十九番地 | 昭和九年 | 8人 | 明治三十四 | |
| 31 | 徐○昌 | 台南廳虎尾郡過溪子 | 台南州斗六郡莿桐庄新庄仔五百十六番地 | 昭和四年 | 24人 | 明治六年 | 二次 |
| 32 | 林○水 | 新竹州竹南郡南庄 | 台南州斗六郡莿桐庄新庄仔五百三十三番地 | 昭和十一年 | 6人 | 明治三十四 | 二次 |

| | | | | | | | |
|---|---|---|---|---|---|---|---|
| 33 | 陳○祿 | 新竹州苗栗郡銅鑼庄 | 台南州斗六郡莿桐庄新庄仔五百三十二番地 | 大正十三年 | 9人 | 明治六年 | 二次 |
| 34 | 鍾○ | | 嘉義廳溪州堡蔴園庄百十六番地 | 大正五年 | 9人 | 弘化三年 | |
| 35 | 葉○妹 | 台中廳深耕堡丈八斗庄 | 嘉義廳溪州堡蔴園庄四百十八番地 | 大正八年 | 2人 | 明治三十八 | |
| 36 | 孫○報 | 台中州東勢郡 | 台南州斗六郡莿桐庄新庄仔二百六十八番地 | 大正九年 | 9人 | 明治十二年 | 三次 |
| 37 | 張○振 | 台中州北斗郡二林趙甲 | 台南州斗六郡莿桐庄新庄仔二百八十二番地 | 大正九年 | 12人 | 明治十二年 | 三次 |
| 38 | 羅○枝 | 台中州豐原郡內埔庄 | 台南州斗六郡莿桐庄新庄仔二百八十二番地 | 大正十五年 | 4人 | 明治二十九年 | 二次 |
| 39 | 曾○泉 | 桃園廳桃澗堡泥塘庄 | 台南州斗六郡莿桐庄新庄仔五百二十三番地 | 昭和七年 | 9人 | 明治十年 | 四次 |
| 40 | 嚴○石 | 台中州豐原郡內埔庄 | 台南州斗六郡莿桐庄新庄仔五百二十三番地 | 昭和八年 | 17人 | 明治十五年 | 四次 |
| 41 | 黃○立 | 台中州豐原郡豐原 | 台南州斗六郡莿桐庄新庄仔五百二十六番地 | 昭和三年 | 16人 | 明治二十六年 | 四次 |
| 42 | 劉○ | 台中州豐原郡豐原 | 台南州斗六郡莿桐庄新庄仔五百二十六番地 | 昭和三年 | 16人 | 明治三十八年 | 四次 |
| 43 | 吳○維 | 新竹州中壢郡楊梅庄 | 台南州斗六郡莿桐庄新庄仔五百二十六番地 | 昭和七年 | 10人 | 明治二十六年 | 四次 |
| 44 | 張○裊 | 新竹州竹南郡三灣庄 | 台南州斗六郡莿桐庄新庄仔五百四十番地 | 昭和二年 | 12人 | 大正三年 | 五次 |
| 45 | 張○木 | | 台南州斗六郡莿桐庄新庄仔四百六十九番地 | 昭和十四年 | 5人 | 明治二十六年 | |
| 46 | 黃○田 | 台中州北斗郡溪州庄 | 台南州斗六郡莿桐庄新庄仔四百六十九番地 | 昭和十年 | 14人 | 昭和十年 | 五次 |
| 47 | 謝○妹 | 嘉義郡竹崎庄 | 台南州斗六郡莿桐庄新庄仔三百七十番地 | 昭和六年 | 4人 | 明治三十七 | |
| 48 | 吳○照 | 新竹州中壢郡中壢街 | 台南州斗六郡莿桐庄新庄仔四百四十四番地 | 昭和十七年 | 4人 | 大正四年 | |
| 49 | 邱○城 | 新竹郡新埔庄大茅埔 | 台南州斗六郡莿桐庄新庄仔四百九十四番地 | 昭和十六年 | 7人 | 明治三十八 | 四次 |
| 50 | 杜○清 | 花蓮港廳裕禮街落合 | 台南州斗六郡莿桐庄新庄仔四百六十九番地 | 昭和十九年 | 8人 | 明治三十八 | 四次 |
| 51 | 陳○己 | | | | 2人 | 大正二年 | |

| 52 | 姜〇春 | 桃園 | 莿桐鄉六合村新興四十一號 | 明治三十六年 | 20人 | | |
| 53 | 陳〇福 | 新竹州苗栗郡銅鑼庄 | 台南州斗六郡莿桐庄新庄仔四百四十四番地 | 昭和十四年 | 9人 | 明治三十九年 | |
| 54 | 馮〇壽 | 台南虎尾郡來惠 | 台南州斗六郡莿桐庄新莊仔五百十六番地 | 昭和十二年四次 | 15人 | 明治五年 | 四次 |
| 55 | 徐〇鼎 | | 莿桐鄉六合村新興二十一號 | 昭和十八年 | 9人 | 明治二十四年 | |
| 56 | 邱〇龍 | 台中州北斗郡 | 台南州斗六郡莿桐庄新庄仔四百四十四番地 | 昭和十三年四次 | 15人 | 明治四十一年 | 四次 |
| 57 | 鄭〇城 | 新竹州新竹郡南庄 | 台南州斗六郡莿桐庄新莊仔二百七十一番地 | 昭和十六年 | 10人 | 明治三十五年 | |
| 58 | 劉〇清 | 台中大屯郡霧峰庄 | 台南州斗六郡莿桐庄新莊仔二百八十二番地 | 大正十二年 | 12人 | 明治二十年 | 五次 |
| 59 | 曾〇宗 | 新竹州大溪郡龍潭庄 | 台南州斗六郡莿桐庄新莊仔五百三十三番地 | 大正十二年 | 7人 | 明治二十九年 | 四次 |
| 60 | 謝〇森 | 屏東萬丹萬生村 | 莿桐鄉六合村新興七十九號 | 民國五十五年 | 15人 | 民國三十一年 | 二次 |
| 61 | 劉〇福 | 南投信義鄉神木村 | 莿桐鄉六合村新興六十一號 | 民國四十四年 | 10人 | 民國十六 | |
| 62 | 李林〇妹 | 苗栗縣苑裡鎮蕉埔里 | 莿桐鄉六合村新興十二號 | 民國五十二年 | 6人 | 民國十八年 | |
| 63 | 葉〇岳 | 屏東竹田泗洲村 | 莿桐鄉六合村新興六之四號 | 民國五十五年 | | 民國二十四年 | |
| 64 | 黃〇乾 | 彰化溪州舊眉 | 莿桐鄉六合村新興路六之六號 | 民國五十七年 | 9人 | 民國十七年 | |
| 65 | 劉〇全 | 苗栗縣南庄鄉南江村 | 莿桐鄉六合村新興十八號 | 民國四十一年 | 11人 | 明治四十一年 | |
| 66 | 張〇賀 | | 莿桐鄉五華村半治十五號 | 三十五年 | 22人 | | |
| 67 | 劉〇福 | 南投縣信義鄉神木村 | 莿桐鄉六合村新興十八號 | 民國四十四年 | 7人 | 民國十六年 | |
| 68 | 邱〇龍 | | 莿桐鄉六合村新興十九號 | 民國四十四年 | 9人 | 明治二十六年 | |
| 69 | 林〇老 | 南投鹿谷內湖村 | 莿桐鄉六合村新興二十九號 | 民國四十一年 | 9人 | 明治三十一年 | 四次 |
| 70 | 邱〇維 | 嘉義竹崎鄉 | 莿桐鄉六合村新興三十一號 | 民國四十一年 | 15人 | 明治三十二年 | |

# 附錄二　林內鄉遷徙人口

| 號次 | 姓名 | 原居地 | 遷居地 | 遷徙年代 | 人數 | 出生年 | 遷次數 |
|---|---|---|---|---|---|---|---|
| 1 | 吳○照 | 台中廳深耕堡下溪墘庄 | 嘉義廳斗六堡林內庄百九十四番地 | 明治三十三年 | 9人 | 安政三年生 | |
| 2 | 吳詹氏○妹 | 新竹廳竹南一堡崁頂寮 | 嘉義廳斗六堡林內庄百九十四番地 | 明治十六年 | | 慶應三年生 | |
| 3 | 吳○保 | 竹北一堡月眉庄土名河背 | 嘉義廳斗六堡林內庄百九十四番地 | 大正九年 | | 慶應三年生 | |
| 4 | 吳張氏○妹 | 竹北一堡大坪庄土名大平窩 | 嘉義廳斗六堡林內庄百九十四番地 | 明治四十年 | 8人 | 明治十五年 | |
| 5 | 劉○喜 | 台中廳二林下堡犁頭厝 | 嘉義廳斗六堡林內庄三百二十五番地 | 大正九年 | 13人 | 嘉永四年 | |
| 6 | 劉曾氏○妹 | 竹北一堡大坪庄土名大平窩 | 嘉義廳斗六堡林內庄三百二十五番地 | 明治八年 | | 安政四年生 | 二次 |
| 7 | 羅○添 | 台中廳深耕堡面前厝 | 嘉義廳斗六堡林內庄四百五十六番地 | 大正八年 | 6人 | 明治四年 | |
| 8 | 羅蔡氏○泉 | 台中苗栗一堡獅潭庄 | 嘉義廳斗六堡林內庄四百五十六番地 | 明治二十七年 | | 明治十三年 | |
| 9 | 徐○金 | 台中廳苗栗堡圳寮 | 嘉義廳斗六堡林內庄四百五十六番地 | 大正八年 | 4人 | 明治十二年 | |
| 10 | 朱氏○妹 | 竹北一堡大坪庄土名大平窩 | 嘉義廳斗六堡林內庄四百五十六番地 | | | 明治十四年 | |
| 11 | 徐○德 | 新竹州新竹郡峨眉庄 | 嘉義廳斗六堡林內庄百五十六番地 | 大正九年 | 9人 | 明治十二年 | |
| 12 | 謝氏○桃 | 竹北一堡大坪庄土名大平窩 | 嘉義廳斗六堡林內庄百五十六番地 | 明治三十一年 | | 明治二十年 | |

| | | | | | | |
|---|---|---|---|---|---|---|
| 13 | 徐○河 | 新竹州中壢郡糠榔庄（四代） | 嘉義廳斗六堡九芎林庄百八十六番地 | 大正八年 | 11人 | 明治二十四年 | 四次 |
| 14 | 徐曾氏○妹 | 新竹州中壢郡糠榔庄 | 嘉義廳斗六堡九芎林庄百八十六番地 | 萬延元年 | | 嘉永五年 | |
| 15 | 劉○水 | 台中廳二林下堡犁頭厝 | 嘉義廳斗六堡林內庄百六十七番 | 大正九年 | 8人 | 明治九年 | |
| 16 | 劉呂○錦 | 竹北一堡南埔庄 | 回=新竹州竹東郡北埔南庄 | 大正十年 | | 明治二十一年 | 二次 |
| 17 | 吳○文 | 新竹州竹南郡南庄 | 嘉義廳斗六堡林內庄百九十四番地 | 大正十年 | 7人 | 明治二十六年 | |
| 18 | 吳張氏○妹 | 竹北一堡大坪庄土名大平窩 | 嘉義廳斗六堡林內庄百九十四番地 | 明治四十年 | | 明治十五年 | |
| 19 | 吳○原 | 台中州大屯庄部子寮（三代） | 嘉義廳斗六堡林內庄百九十番地 | 大正十一年 | 8人 | 明治二十七年 | |
| 20 | 吳詹○三 | 竹南一堡崁頂寮 | 嘉義廳斗六堡林內庄百九十番地 | 明治十六年 | | 慶應三年生 | |
| 21 | 吳○龍 | 台中廳二林下堡犁頭厝（四代） | 嘉義廳斗六堡林內庄四百五十七番地 | 大正九年 | 13人 | 明治二十一年 | |
| 22 | 吳謝○葉 | 台中廳二林下堡萬合庄 | 嘉義廳斗六堡林內庄四百五十七番地 | 明治四十年 | | 明治十五年 | |
| 23 | 吳○慶 | 台中廳二林下堡犁頭厝 | 嘉義廳斗六堡林內庄四百五十七番地 | | | 大正十年 | |
| 24 | 張○ | 桃園竹北二堡石磊仔 | 台南州斗六郡斗六街九芎林百八十六番地 | 大正二年 | 4人 | 明治七年 | 三次 |
| 25 | 張黃氏○妹 | 桃園竹北二堡石磊仔 | 台南州斗六郡斗六街九芎林百八十六番地 | | | 嘉永二年 | |
| 26 | 陳○朋 | 新竹州竹東郡北埔 | 斗六郡斗六街九芎林庄二百九十番地 | 大正九年 | 2人 | 明治十三年 | 二次 |
| 27 | 陳氏○妹 | 竹北一堡大坪庄土名大平窩 | 斗六郡斗六街九芎林庄二百九十番地 | | | | |
| 28 | 古○ | 竹北二堡後湖庄土名埔頂 | 斗六郡斗六街九芎林庄四百八十五番地 | 大正九年 | 20人 | 明治九年 | |
| 29 | 陳氏○妹 | 竹北二堡後湖庄土名埔頂 | 斗六郡斗六街九芎林庄四百八十五番地 | 明治六年 | | 安政三年 | |
| 30 | 古○ | 新竹郡紅毛庄後湖享埔頂 | 斗六郡斗六街九芎林庄四百八十五番地 | 大正九年 | 11人 | 明治十八年 | |
| 31 | 古張氏○妹 | 新竹郡紅毛庄後湖享埔頂 | 斗六郡斗六街九芎林庄四百八十五番地 | | | 明治十九年 | 三次 |

| 32 | 劉○木 | 台中州能高郡國姓北山坑 | 嘉義廳斗六堡林內庄百六十三番地 | | 15人 | 明治三十九年 | |
|---|---|---|---|---|---|---|---|
| 33 | 陳○水 | 新竹廳竹北一堡大湖庄 | 嘉義廳斗六堡林內庄百九十四番地 | 大正八年 | 13人 | 明治二十六年 | |
| 34 | 陳○添 | 新竹廳竹北一堡大湖庄 | 嘉義廳斗六堡林內庄百九十四番地 | 大正十一年 | | 文久元年 | 三次 |
| 35 | 陳○福 | 新竹廳竹北一堡大湖庄 | 嘉義廳斗六堡林內庄百九十四番地 | 大正七年 | 7人 | 明治二十年 | |
| 36 | 陳溫氏○妹 | 新竹廳竹北一堡大湖庄 | 嘉義廳斗六堡林內庄百九十四番地 | 明治二十五年 | | 明治四十一年 | |
| 37 | 葉○慶 | 新竹廳竹北二堡新莊仔庄 | 斗六郡斗六街九芎林庄四百八十五番地 | 大正九年 | 25人 | 明治七年 | |
| 38 | 葉謝○送 | 新竹廳竹北二堡新莊仔庄 | 斗六郡斗六街九芎林庄四百八十五番地 | 明治五年 | | 安政三年 | |
| 39 | 鍾○三 | 新竹州桃園郡蘆竹庄 | 斗六郡斗六街林內庄六百八十三番地 | 大正十一年 | 7人 | 明治八年 | 三次 |
| 40 | 鍾游○蔥 | 桃園桃澗堡南崁庄 | 斗六郡斗六街林內庄六百八十三番地 | 明治三十九 | | 明治十五年 | |
| 41 | 黎○冉 | 台中廳二林下堡犁頭厝 | 台南廳斗六郡斗六庄咬狗六十番地 | 大正九年 | 8人 | 明治十年 | 三次 |
| 42 | 蔡氏○妹 | 台中苗栗一堡獅潭庄 | 台南廳斗六郡斗六庄咬狗六十番地 | | | 明治十一年 | |
| 43 | 黎○土 | 台中廳深耕堡面前厝 | 台南廳斗六郡斗六庄咬狗六十番地 | 大正九年 | 11人 | 明治二年 | |
| 44 | 黎○長 | 台中州北斗竹郡竹塘面前厝 | 台南廳斗六郡斗六庄咬狗六十番地 | 大正十一年 | | 弘化四年 | 五次 |
| 45 | 張○喜 | 台中苗栗一堡嘉盛庄 | 斗六郡斗六街九芎林庄二百九十番地 | 大正九年 | 8人 | 元治元年 | |
| 46 | 張曾氏○妹 | 台中苗栗一堡嘉盛庄 | 斗六郡斗六街九芎林庄二百九十番地 | 大正十一年 | | 明治二十年 | 三次 |
| 47 | 姜余○旺 | 新竹州竹東鎮竹東庄 | 斗六郡斗六街林內庄四百四十四番地 | 大正十一年 | 4人 | 明治二十年 | |
| 48 | 江范氏○妹 | 新竹州關西庄湖肚 | 斗六郡斗六街林內庄四百四十四番地 | | | 明治二十六年 | 三次 |
| 48 | 麥○芳 | 台中苗栗一堡仁隆庄 | 斗六郡斗六街林內庄六百二十七番地 | 大正八年 | 12人 | 明治三年 | |
| 50 | 麥胡氏○妹 | 台中苗栗一堡二張犁庄 | 斗六郡斗六街林內庄六百二十七番地 | 安政四年 | | 天保十四年 | |
| 51 | 賴○結 | 台中廳二林下堡山寮庄 | 斗六郡斗六街林內庄千百二十六番地 | 大正八年 | 3人 | 明治十年 | |

| | | | | | | |
|---|---|---|---|---|---|---|
| 52 | 賴劉氏○妹 | 台中廳二林下堡山寮庄 | 斗六郡斗六街林內庄百二十六番地 | 大正十二年 | | 明治十九年 | 四次 |
| 53 | 廖○海 | 台中苗栗一堡嘉盛庄 | 斗六郡斗六街林內庄百二十六番地 | 大正九年 | 2人 | 明治二十七年 | 三次 |
| 54 | 廖郭氏○英 | 台中苗栗一堡嘉盛庄 | 斗六郡斗六街林內庄百二十六番地 | 大正十二年 | | 明治四十一年 | 四次 |
| 55 | 張○廷 | 台中苗栗一堡苗栗街 | 斗六郡斗六街林內庄百二十六番地 | 大正元年 | | 明治十一年 | |
| 56 | 張氏○妹 | 台中苗栗一堡魚藤坪 | 斗六郡斗六街林內庄百二十六番地 | 大正元年 | | 明治十二年 | |
| 57 | 張氏○妹 | 台中苗栗一堡魚藤坪 | 斗六郡斗六街林內庄百二十六番地 | 大正元年 | | 明治十六年 | |
| 58 | 詹○水 | 苗栗郡苗栗街 | 斗六郡斗六街林內庄四百九十三番地 | 大正十二年 | 3人 | 明治三十年 | |
| 59 | 詹葉氏○妹 | 苗栗郡苗栗街 | 斗六郡斗六街林內庄四百九十三番地 | | | 明治二十九年 | 四次 |
| 60 | 吳○文 | 斗六堡海豐崙庄 | 斗六郡斗六街林內庄四百九十三番地 | 明治四十年 | 4人 | 明治十九年 | 五次 |
| 61 | 黃○有 | 斗六堡海豐崙庄 | 斗六郡斗六街林內庄四百九十三番地 | | | 弘化四年 | |
| 62 | 鍾○台 | 新竹廳竹北二堡五分埔 | 斗六堡斗六街新庄五十三番地 | 明治四十一年 | 2人 | 明治十五年 | |
| 63 | 邱○ | 台中苗栗三堡日南庄 | 斗六堡內林庄四百四十二番地 | 明治三十九年 | 2人 | 明治十一年 | |
| 64 | 林○榮 | 台中廳揀東上堡石圍牆 | 斗六堡斗六街內林庄十六番地 | 明治四十二年 | | 明治十年 | |
| 65 | 許○發 | 台中廳揀東上堡東勢角 | 斗六堡斗六街內林庄七十五番地 | 明治四十四年 | | 明治 | |
| 66 | 馮謝氏○妹 | 苗栗廳苗栗一堡社寮崗庄 | 台南州斗六郡斗六街林內六百二十二番地 | 明治二十八年 | | 明治七年 | |
| 67 | 劉○血 | 斗六廳他里霧堡 | 台南州斗六郡斗六街林內六百八十一番地 | | | 明治四十二年 | |
| 68 | 劉曾氏○妹 | 斗六廳他里霧堡 | 台南州斗六郡斗六街林內六百八十一番地 | | | 明治十九年 | |
| 69 | 周張氏○妹 | 斗六廳他里霧堡 | 台南州斗六郡斗六街林內六百八十一番地 | | | 明治三十九年 | |
| 70 | 馮○明 | 苗栗廳苗栗一堡社寮崗庄 | 斗六堡斗六街林內七十五番地 | 昭和九年 | 16人 | 明治三十二年 | |
| 71 | 黃○海 | 苗栗廳苗栗一堡老田寮庄 | 斗六堡斗六街林內七十五番地 | 昭和十四年 | 12人 | 明治三十年 | |

| 72 | 胡氏○如 | 新竹州苗栗郡頭屋庄 | 台南州斗六郡斗六街林內六百八十一番地 | 昭和十九年 | 1人 | 大正十五年 | |
|---|---|---|---|---|---|---|---|
| 73 | 麥○華 | 新竹州苗栗郡頭屋庄 | 台南州斗六郡斗六街林內六百八十一番地 | 大正十四年 | 2人 | 明治三十二年 | |
| 74 | 余○唐 | 新竹州新竹郡關西庄店子岡 | 台南州斗六郡斗六街林內百二十九番地 | 昭和十一年 | 24人 | 明治十一年 | |
| 75 | 彭○尚 | 新竹州竹南郡南庄北獅里 | 斗六郡斗六街林內庄四百四十四番地 | 昭和十年 | | | |
| 76 | 陳楊氏○妹 | 台中州東勢郡上新庄(嫁入閩) | 斗六郡斗六街林內庄四百九十五番地 | 大正十五年 | | 明治二十八 | |
| 77 | 陳○忠 | 台中州東勢郡上新庄(嫁入閩) | 斗六郡斗六街林內庄四百九十五番地 | 昭和四年 | | 大正八年 | |
| 78 | 麥○耀 | 新竹州苗栗郡頭屋庄仁隆 | 台南州斗六郡斗六街林內六百八十一番地 | 大正十一年 | 20人 | 明治二十一年 | |
| 79 | 謝○恩 | 台中州大屯郡北屯庄 | 斗六郡斗六街林內一番地 | 昭和十八 | 4人 | 明治三十六 | |
| 80 | 羅○德 | 新竹州竹東郡芎林庄 | 斗六郡斗六街林內一番地 | 昭和二年 | 9人 | 明治二十八 | |
| 82 | 徐○東 | 桃園廳桃澗堡水尾莊 | 斗六郡斗六街林內一番地 | 昭和十七年 | 11人 | 大正三年 | |
| 82 | 陳○海 | 台中州新高郡魚池庄茅埔 | 斗六郡斗六街林內庄四百九十五番地 | 昭和十九年 | 5人 | 昭和十八 | |
| 83 | 林氏○妹 | 新竹州大湖郡大湖庄 | 斗六郡斗六街林內庄四百九十五番地 | 大正十五年 | 11人 | 大正五年 | |
| 84 | 曾○春 | 台中州新高郡集集庄 | 斗六郡斗六街林內庄百九十四番地 | 昭和九年 | 5人 | 明治三十六 | |
| 85 | 林○松 | 新竹州大湖郡大湖庄 | 斗六郡斗六街林內庄百九十五番地 | 昭和九年 | 7年 | 昭和三年 | |
| 86 | 林○喜 | 苗栗廳苗栗堡高埔庄 | 斗六郡斗六街林內庄百九十五番地 | 昭合二十年 | 7人 | 明治三十一年 | |
| 87 | 林○貴 | 台中州南投郡中寮庄 | 斗六郡斗六街林內庄百九十五番地 | 昭和十八年 | 4人 | 大正四年 | |
| 88 | 林○華 | 新竹州竹南郡南庄 | 斗六郡斗六街林內庄百九十五番地 | 昭和十九年 | 3人 | 大正十一年 | |
| 89 | 張○智 | 苗栗廳苗栗一堡芒埔庄 | 斗六郡斗六街林內庄百九十九番地 | 昭和七年 | 16人 | 慶應三年生 | |
| 90 | 張○赤 | 苗栗廳苗栗堡苗栗庄 | 斗六郡斗六街林內庄百四十五番地 | 昭和二十年 | 11人 | 大正十五年 | |
| 91 | 陳○隆 | 苗栗廳苗栗堡通宵庄 | 斗六郡斗六街林內庄二百四十五番地 | 昭和二十年 | 3人 | 昭和九年 | |

| 92 | 曾○祥 | 台中州竹南郡三灣庄大河底 | 斗六郡斗六街林內庄二百四十五番地 | 大正五年（鳥塗） | 14人 | 明治十二年 | |
|---|---|---|---|---|---|---|---|
| 93 | 薛○升 | 新竹州竹東郡橫山庄油羅 | 斗六郡斗六街林內庄三百四十五番地 | 昭和十一年 | 12人 | 明治三十三年 | |
| 94 | 林○海 | 苗栗廳苗栗堡通宵庄 | 斗六郡斗六街林內庄二百四十五番地 | 昭和十四年 | 4人 | 明治三十四年 | |
| 95 | 劉○ | 台中廳武東堡內灣庄 | 斗六郡斗六街林內庄三百二十五番地 | 昭和十二年 | 14人 | 明治十六年 | |
| 96 | 張○俊 | 新竹州竹東郡橫山庄南河 | 斗六郡斗六街林內庄千百五十九番地 | 昭和七年 | 15人 | 明治三十一年 | |
| 97 | 黃○喜 | 台南州嘉義郡中埔庄樹頭埔 | 斗六郡斗六街林內庄百七十二番地 | 昭和十八年 | 15人 | 大正四年 | |
| 98 | 張○添 | 新竹州竹東郡橫山庄油羅 | 斗六郡斗六街林內庄四百四十四番地 | 昭和十五年 | 5人 | 大正五年 | |
| 99 | 謝○丁 | 虎尾郡虎尾街大屯 | 斗六郡斗六街林內一番地 | 昭和十九年 | 4人 | 大正十三人 | |
| 100 | 謝○梅 | 苗栗廳苗栗堡鶴仔庄 | 斗六郡斗六街咬狗林內一番地 | 昭和十年 | 9人 | 明治四十四年 | |
| 101 | 朱○妹 | 新竹州竹東郡寶山庄大壢 | 斗六郡斗六街林內一番地（二次移居北斗） | 昭和十五年 | 6人 | 明治三十一年 | |
| 102 | 葉○祥 | 苗栗廳苗栗堡銅鑼仔庄 | 斗六郡斗六街林內一番地 | 昭和十八年 | | 大正七年 | |
| 103 | 陳○文 | 嘉義郡中埔庄頂六 | 斗六郡斗六街林內庄百七十一番地 | 昭和二十年 | 11人 | 大正十二年 | |
| 104 | 葉○煌 | 苗栗廳苗栗街南勢坑（四次 | 斗六郡斗六街林內庄百七十一番地 | 昭和十九年 | 8人 | 明治二十年 | 四次 |
| 105 | 張○廷 | 台中州北斗郡二林街丈八斗 | 斗六郡斗六街林內庄百七十二番地 | 昭和十七年 | 8人 | 明治三十二年 | 四次 |
| 106 | 邱張氏○妹 | 台中州北斗郡二林街丈八斗 | 斗六郡斗六街林內庄百七十二番地 | 昭和十九年 | 2人 | 明治二十四年 | 四次 |
| 107 | 陳○ | 台中州員林郡二林田中庄內灣 | 斗六郡斗六街林內庄百八十二番地 | 昭和七年 | 15人 | 明治三十年 | 三次 |
| 108 | 詹○河 | 苗栗郡三叉庄鯉魚潭 | 斗六郡斗六街林內庄百九十四番地 | 昭和十九年 | 13人 | 大正九年 | |
| 109 | 張○源 | 苗栗郡公館庄北河 | 斗六郡斗六街林內庄百九十四番地 | 昭和十七年 | 10人 | 大正六年 | 三次 |
| 110 | 黃○榮 | 嘉義郡中埔庄樹頭埔 | 斗六郡斗六街林內庄二百四十五番地 | 昭和十六年 | 8人 | 大正七年 | 三次 |

| 111 | 胡○源 | 新竹州竹東郡橫山庄南河 | 斗六郡斗六街林內庄二百四十五番地 | 昭和十八年 | 7人 | 明治二十四年 | |
|---|---|---|---|---|---|---|---|
| 112 | 楊○福 | 新竹州中壢郡平鎮庄北勢 | 斗六郡斗六街林內庄二百四十五番地 | 民國三十四年 | | 明治四十一年 | |
| 113 | 葉○統 | 苗栗州苗栗郡苗栗街 | 斗六郡斗六街林內庄二百四十五番地 | 昭和九年 | 13人 | 明治二十六年 | |
| 114 | 湯○立 | 新竹州竹東郡橫山庄油羅 | 斗六郡斗六街林內庄二百四十五番地 | 昭和十四年 | 14人 | 明治三十一年 | |
| 115 | 吳○達 | 台中州東勢郡東勢庄 | 斗六郡斗六街林內庄二百四十五番地 | 昭和十七年 | 6人 | 大正十一年 | |
| 116 | 徐○今 | 新竹州竹東郡寶山庄新城 | 斗六郡斗六街林內庄二百四十五番地 | 昭和二十年 | 4人 | 明治三十一年 | |
| 117 | 吳氏○妹 | 新竹州竹東郡峨嵋庄石硬 | 斗六郡斗六街林內庄二百四十五番地 | 昭和七年 | 6人 | 明治三十四年 | 三次 |
| 118 | 彭○添 | 新竹州新竹郡湖口庄北窩 | 斗六郡斗六街林內庄二百四十五番地 | 昭和九年 | 7人 | 明治三十二年 | |
| 119 | 梁○土 | 新竹州竹東郡竹東街 | 斗六郡斗六街林內庄二百四十五番地 | 昭和十七年 | 9人 | 明治四十年 | |
| 120 | 彭○桂 | 新竹州新竹郡湖口庄北窩 | 斗六郡斗六街林內庄二百四十五番地 | 昭和八年 | 11人 | 明治二十八年 | |
| 121 | 張○丁 | 台中州北斗郡二林街山寮 | 斗六郡斗六街林內庄二百四十五番地 | 昭和十九年 | 6人 | 明治三十二年 | 四次 |
| 122 | 張○祿 | 台中州北斗郡二林街山寮 | 斗六郡斗六街林內庄二百四十五番地 | 昭和十九年 | 6人 | 明治三十九年 | 四次 |
| 123 | 彭○福 | 新竹州新竹郡湖口庄北窩 | 斗六郡斗六街林內庄二百四十五番地 | 昭和十二年 | 8人 | 明治三十六年 | 三次 |
| 124 | 黃○福 | 新竹縣竹東區峨嵋鄉 | 斗六區斗六鎮林內二百四十五番地 | 民國三十五年 | 6人 | 明治二十六年 | |
| 125 | 湯○德 | 新竹州竹東郡橫山庄油羅 | 斗六區斗六鎮林內二百四十五番地 | 昭和十二年 | 5人 | 明治二十一年 | |
| 126 | 吳氏○妹 | 新竹州大湖郡大湖庄 | 斗六郡斗六街林內庄百九十五番地（集集） | 昭和七年 | 1人 | 大正十四年 | 三次 |
| 127 | 高○房 | 新竹州中壢郡楊梅街 | 斗六區斗六鎮林內二百四十五番地（大林） | 昭和十三年 | 10人 | 明治二十九年 | 三次 |
| 128 | 林○仁 | 新竹州大湖郡大湖庄 | 斗六區斗六鎮林內二百四十五番地 | 昭和九年 | 8人 | 明治二十一年 | 二次 |
| 128 | 林○喜 | 新竹州大湖郡大湖庄 | 斗六區斗六鎮林內二百四十五番地 | 昭和十九年 | 7人 | 明治四十四年 | 三次 |

| 130 | 溫○松 | 新竹州竹東郡橫山庄 | 斗六區斗六鎮林內二百四十五番地 | 昭和十八年 | 7人 | 大正四年 | |
| 131 | 黃○土 | 新竹縣竹東區峨嵋鄉 | 斗六區斗六鎮林內二百四十五番地 | 民國三十五年 | 5人 | 明治三十六年 | |
| 132 | 周○炎 | 新竹州新竹郡香山庄 | 斗六區斗六鎮林內九百九十七番地 | 昭和九年 | 3人 | 明治二十六年 | 三次 |
| 133 | 張氏○科 | 桃園廳竹北二堡東勢庄 | 斗六郡斗六街林內庄五百八十番地 | 昭和十三年 | 3人 | 昭和三年 | |
| | 黃○實 | 新竹州中壢郡楊梅街 | 斗六郡斗六街林內庄五百八十番地 | 昭和十三年 | 3人 | 昭和六年 | 三次 |
| 134 | 黃○昌 | 新竹州中壢郡楊梅街 | 斗六郡斗六街林內庄五百八十番地 | 昭和十三年 | 2人 | 明治三十 | 三次 |
| 135 | 黃○水 | 桃園'廳桃澗堡中路庄 | 斗六郡斗六街林內庄千百五十六番地 | 民國三十四年 | 11人 | 大正四年 | |
| 136 | 曾○旺 | 台中州大屯郡霧峰庄 | 斗六郡斗六街林內庄千百五十六番地 | 昭和九年 | 11人 | 明治四十四年 | 四次 |
| 137 | 黃○章 | 台中州竹南一堡四灣庄 | 斗六郡斗六街林內庄千百五十七番地 | 明治三十八年 | 6人 | 明治三十八年 | 三次 |
| 138 | 古○梅 | 新竹州中壢郡楊梅街 | 斗六郡斗六街咬狗二百三番地 | 昭和六年 | 1人 | 明治二十六年 | 三次 |
| | 陳○燕 | 新竹州竹南郡田尾 | 斗六郡斗六街咬狗二百三番地 | 昭和二十年 | 8人 | 明治二十一年 | |
| 139 | 詹○ | 新竹州大溪郡龍潭 | 斗六郡斗六街咬狗二百三番地 | 昭和八年 | 1人 | 明治二十一年 | |
| 140 | 蔡黎氏○妹 | 台中州竹山郡竹山庄 | 斗六郡斗六街九芎林六番地 | 昭和十一年 | 3人 | 昭和二年 | |
| 141 | 張黃氏○妹 | 台中市村上町 | 斗六郡斗六街咬狗百二十九番地 | 昭和九年 | 1人 | 明治三十六年 | |
| 142 | 劉○龍 | 台中州東勢郡東勢庄 | 斗六郡斗六街咬狗二百二十番地 | 昭和四年 | 18人 | 明治三十七年 | |
| 143 | 曾○煌 | 新竹郡新埔街大茅埔 | 斗六郡斗六街烏塗子一番地 | 昭和十三年 | 18人 | 明治四十四年 | 三次 |
| 144 | 曾○財 | 新竹郡新埔街大茅埔 | 斗六郡斗六街烏塗子一番地 | 昭和十九年 | 3人 | 昭和二年 | |
| 145 | 呂○未 | 新竹州新竹郡湖口庄北窩 | 斗六郡斗六街烏塗子一番地 | 昭和十四年 | 6人 | 明治二十六年 | 三次 |
| 146 | 曾○榮 | 新竹郡新埔街大茅埔 | 斗六郡斗六街烏塗子一番地 | 昭和十八年 | 16人 | 明治十七年 | 三次 |

| 147 | 曾○就 | 新竹州新竹郡竹北庄斗崙 | 斗六街烏塗子一番地（祖母嘉永六年生） | 昭和十六年 | 12人 | 明治三十八年 | 三次 |
|---|---|---|---|---|---|---|---|
| 148 | 曾○祥 | 新竹州竹南郡三灣大河底 | 斗六郡斗六街烏塗子七番地之二 | 昭和七年 | 10人 | 明治十二年 | |
| 149 | 曾○ | 新竹郡新埔街犁頭山 | 斗六郡斗六街烏塗子六番地（麻園） | 昭和十三年 | 8人 | 明治三十一年 | 四次 |
| 150 | 楊邱氏○妹 | 新竹州中壢郡平鎮庄北勢 | 斗六郡斗六街烏塗子三十八番地 | 昭和十五年 | 2人 | 明治十五年 | |
| 151 | 曾○旺 | 新竹州大溪郡龍潭 | 斗六郡斗六街烏塗子五十番地 | 昭和十六年 | 2人 | 明治三十六年 | |
| 152 | 何○村 | 新竹縣苗栗區公館鄉鶴岡 | 台南縣斗六區林內鄉烏塗子百九十六號 | 民國三十四年 | 4人 | 昭和九年 | |
| 153 | 何○松 | 苗栗州苗栗郡苗栗街 | 台南縣斗六區林內鄉烏塗子百九十六號 | 昭和八年 | 6人 | 明治二十年 | |
| 154 | 鍾○受 | 新竹州桃園郡蘆竹庄 | 莿桐庄新庄子一九二番地 | 昭和十五年 | 9人 | 明治三十五年 | |
| 155 | 黃○標 | 新竹州新竹郡大旱坑字 | 斗六郡斗六街林內庄七十五番地 | 大正十五年 | 5人 | 明治二十九年 | 三次 |
| 156 | 傅○生 | 新竹州新竹郡關西庄 | 斗六郡斗六街林內庄百二十七番地 | 大正十五年 | 10人 | 慶應三年生 | 三次 |
| 157 | 葉○金 | 新竹州新竹郡紅毛庄崁頭 | 斗六郡斗六街九芎林四百八十五番地 | 大正十二年 | 25人 | 明治三十三年 | 三次 |
| 158 | 葉謝○送 | 新竹州新竹郡紅毛庄崁頭 | 斗六郡斗六街九芎林四百八十五番地（四代） | 大正十二年 | | 安政四年生 | |
| 159 | 劉○新 | 台南州新化郡楠西庄 | 斗六郡斗六街林內庄百二十七番地 | 昭和二年 | 2人 | 明治十五年 | 三次 |
| 160 | 朱○海 | 新竹州竹南郡頭份庄 | 斗六郡斗六街九芎林百九十四番地 | 大正十四年 | 4人 | 明治二十四年 | 三次 |
| 161 | 李○春 | 苗栗廳苗栗堡銅鑼仔庄 | 斗六郡斗六街林內庄二百四十五番地 | 昭和二年 | 2人 | 明治四十一年 | 三次 |
| 162 | 呂氏○妹 | 苗栗廳苗栗堡銅鑼仔庄 | 斗六郡斗六街林內四百五十二番地 | 昭和三年 | 2人 | 明治四十二年 | 三次 |
| 163 | 許○ | 新竹州中壢郡新屋庄笨仔港 | 斗六郡斗六街林內庄七十五番地 | 昭和五年 | 4人 | 明治三十一年 | 三次 |
| 164 | 朱○土 | 新竹州竹北一堡赤柯坪 | 斗六郡斗六街林內百九十四番地 | 大正八年 | 3人 | 明治四十五年 | 三次 |
| 165 | 范○發 | 台中廳深耕堡內蘆竹塘 | 斗六郡斗六街林內百九十四番地 | 大正元年 | 15人 | 明治五年 | 三次 |

| 166 | 吳○合 | 新竹州竹南郡大埔庄 | 斗六郡斗六街林內百九十四番地 | 大正十二年 | 4人 | 明治十七年 | 三次 |
| 167 | 林○石 | 新竹州中壢郡中壢庄大崙 | 斗六郡斗六街林內庄二百四十五番地 | 昭和三年 | 6人 | 明治十八年 | 三次 |
| 168 | 余○華 | 苗栗廳苗栗一堡二崗坪 | 斗六郡斗六街林內庄二百四十五番地 | 明治二十七年 | 14人 | 明治十二年 | 三次 |
| 169 | 鍾○祿 | 苗栗廳苗栗堡三叉庄三叉 | 斗六郡斗六街林內庄二百四十五番地 | 昭和四年 | | 明治四十二年 | |
| 170 | 彭劉氏○妹 | 新竹州竹東郡北埔庄大湖 | 斗六郡斗六街林內庄六百二十七番地 | 大正十三年 | 6人 | 明治十八年 | 四次 |
| 171 | 吳○賢 | 苗栗州苗栗郡苗栗街 | 斗六郡斗六街九芎林二百九十番地 | 昭和二年 | 3人 | 明治二十八年 | 四次 |
| 172 | 曾○乾 | 新竹州新竹郡關西庄 | 斗六郡斗六街林內庄林內一番地 | 昭和五年 | 2人 | 明治四十三年 | 三次 |
| 173 | 賴○仁 | 苗栗廳苗栗堡銅鑼仔庄樟樹林 | 斗六郡斗六街林內庄七十五番地 | 昭和六年 | 14人 | 明治十三年 | 三次 |
| 174 | 胡○錦 | 台中州大屯郡霧峰庄 | 斗六郡斗六街林內庄百五十二番地 | 昭和四年 | 2人 | 明治四十年 | 二次 |
| 175 | 徐○喜 | 台中州東勢郡東勢庄 | 斗六郡斗六街林內庄二百四十五番地 | 昭和五年 | 7人 | 明治十三年 | 二次 |
| 176 | 李○旺 | 苗栗廳苗栗堡銅鑼仔庄 | 斗六郡斗六街林內庄二百四十五番地 | 昭和二年 | 3人 | 明治二十八年 | 二次 |
| 177 | 馮○雲 | 台中州大甲郡外埔庄磁窯 | 斗六郡斗六街林內庄七十五番地 | 昭和七年 | 4人 | 大正八年 | 四次 |
| 178 | 馮○明 | 台中州大甲郡外埔庄磁窯 | 斗六郡斗六街林內庄七十五番地 | 昭和四年 | 11人 | 明治三十二年 | 四次 |
| 179 | 余○生 | 新竹州新竹郡關西庄 | 斗六郡斗六街林內庄百三十九番地 | 昭和三年 | 15人 | 明治八年 | 二次 |
| 180 | 廖○ | 新竹州中壢郡觀音庄潭子塘 | 斗六郡斗六街林內庄百五十番地 | 昭和七年 | 11人 | 明治三十五年 | 二次 |
| 181 | 胡○郎 | 苗栗郡苗栗街嘉盛 | 斗六郡斗六街林內庄百五十番地 | 大正十一年 | 4人 | 明治三十年 | 四次 |
| 182 | 鄒○辛 | 新竹縣竹東區峨嵋鄉 | 斗六郡斗六街林內庄二百五十番地（昭和六年退竹山） | 明治二十六年 | 10人 | 文久元年 | 三次 |
| 183 | 張○ | 台中州東勢郡石岡庄 | 斗六郡斗六街林內庄百八十一番地（昭和七年退石岡） | 昭和四年 | 7人 | 明治三十四年 | 二次 |
| 184 | 徐○立 | 新竹州竹南郡三灣大河底 | 斗六街林內庄二百四十五番地（昭和四年退嘉義民雄） | 明治四十一年 | 20人 | 慶應元年 | 三次 |

| | | | | | | |
|---|---|---|---|---|---|---|
| 185 | 邱氏○妹 | 新竹縣竹東區峨嵋鄉 | 斗六街林內庄二百四十五番地（昭和八年退古坑草嶺） | 昭和六年 | 7人 | 明治三十六年 | 三次 |
| 186 | 劉○耀 | 台中州東勢郡東勢庄新伯公 | 斗六街林內庄四百十一番地（昭和八年退竹山） | 昭和二年 | 9人 | 明治三十七年 | 三次 |
| 187 | 楊○庭 | 台中州東勢郡東勢庄上新 | 斗六街林內庄四百四十四番地（昭和八年退竹山） | 昭和六年 | 4人 | 明治三十九年 | 三次 |
| 188 | 邱○發 | 新竹州竹南郡三灣大河底 | 斗六街林內庄六百六十四番地（昭和八年退竹山） | 昭和七年 | 10人 | 明治三十年 | 三次 |
| 189 | 詹○進 | 新竹州新竹郡六家庄（遷回） | 斗六街林內庄六百四十五番地（昭和八年回新竹紅毛） | 大正十三年 | 9人 | 明治二十七年 | 四次 |
| 190 | 吳○德 | 台中州大屯郡霧峰庄 | 斗六街林內庄百五十六番地（昭和八年遷回霧峰） | 昭和六年 | 2人 | 明治四十五年 | 二次 |
| 191 | 曾○旺 | 台中州大屯郡霧峰庄 | 斗六街林內庄百五十六番地（昭和八年遷回霧峰） | 昭和七年 | 9人 | 明治四十四年 | 二次 |
| 192 | 鄧○發 | 苗栗廳苗栗堡 | 斗六街林內庄百九十四番地（昭和十一年遷竹田溝子墘） | 昭和六年 | 12人 | | 四次 |
| 193 | 胡○東 | 苗栗廳苗栗一堡嘉盛 | 斗六街林內庄七百五十一番地（昭和八年遷回苗栗頭屋） | 昭和五年 | 4人 | 明治二十五年 | 二次 |
| 194 | 羅○華 | 台中豐原郡內埔庄 | 斗六郡斗六街林內七十五番地（昭和十年退苗栗） | 昭和十年 | 4人 | 明治三十九年 | 二次 |
| 195 | 余○和 | 新竹州新竹郡關西庄 | 斗六街林內庄百三十九番地（昭和十年遷竹田鳳山厝） | 昭和二年 | 20人 | 明治三十一年 | 四次 |
| 196 | 彭○祥 | 新竹州竹東郡竹東街 | 斗六郡林內街二百四十五番地（昭和十年回竹東） | 昭和十年 | 9人 | 明治十五年 | 二次 |
| 197 | 楊劉氏○雪 | 新竹州竹東郡竹東街 | 斗六郡林內街百九十五番地（昭和十年退竹山） | 昭和二年 | 3人 | 明治二十一年 | 二次 |
| 198 | 黃○ | 新竹州中壢郡新屋庄笨仔港 | 斗六郡斗六街林內八百八十番地（昭和五年退名間） | 昭和三年 | 4人 | 明治三十四年 | 二次 |

| 199 | 徐○茂 | 桃園廳桃澗堡東勢庄 | 斗六郡斗六街七十三番地（昭和十年退竹山） | 大正四年 | 11人 | 明治四年 | 四次 |
|---|---|---|---|---|---|---|---|
| 200 | 徐○來 | 新竹州竹南郡三灣大河底 | 斗六郡林內街二百四十五番地（昭和十年退民雄） | 昭和八年 | 21人 | 明治三十二年 | 三次 |
| 201 | 曾○垣 | 新竹州中壢郡平鎮庄東勢 | 斗六郡林內街二百四十五番地（昭和十年退大林） | 昭和三年 | 4人 | 明治二十九年 | 五次 |
| 202 | 邱○華 | 新竹州新埔郡新埔庄 | 斗六郡斗六街五百七十八番地（昭和十三年退集集） | 昭和六年 | | 明治二十五年 | 四次 |
| 203 | 陳○阿順 | 苗栗廳苗栗堡銅鑼仔庄 | 斗六郡林內街二百四十五番地（昭和九年退台中北屯） | 大正十五年 | 5人 | 明治二十年 | 三次 |
| 204 | 馮○双 | 台中州大甲郡外埔庄磁窯 | 斗六郡斗六街林內庄七十五番地（昭和九年退苗栗三叉） | 昭和二年 | 13人 | 明治七年 | 三次 |
| 205 | 黃○森 | 新竹州苗栗郡頭屋庄 | 斗六郡斗六街林內庄百九十四番地（昭和五年退古坑） | 昭和四年 | 4人 | 明治九年 | 三次 |
| 206 | 林○滿 | 新竹州大湖郡大湖庄 | 斗六郡斗六街林內庄百九十五番地（昭和三年退古坑） | 大正十二年 | 16人 | 明治二十七年 | 二次 |
| 207 | 江○奎 | 新竹州苗栗郡頭屋庄 | 斗六郡斗六街林內庄六百四番地（昭和七年退竹山） | 昭和五年 | 5人 | 明治十二年 | 二次 |
| 208 | 李○賢 | 苗栗郡公館庄五穀岡 | 斗六郡斗六街林內庄六百六十番地（昭和九年退竹山） | 昭和八年 | 6人 | 大正元年 | 四次 |
| 209 | 戴○石 | 苗栗廳苗栗堡銅鑼灣庄 | 斗六郡斗六街林內庄六百六十六番地（大正十五年退民間） | 大正八年 | 6人 | 明治十九年 | 三次 |
| 210 | 楊邱氏○妹 | 新竹州中壢郡平鎮庄北勢 | 斗六郡斗六街林內庄六百六十番地（昭和六年退竹山） | 昭和二年 | 3人 | 明治十五年 | 三次 |
| 211 | 黃○華 | 台中州大屯郡霧峰庄 | 斗六郡斗六街林內庄千百五十六番地（昭和九年退東石） | 昭和七年 | 7人 | 明治十二年 | 三次 |
| 212 | 吳○雲 | 台中州大屯郡霧峰庄 | 斗六郡斗六街林內庄千百五十六番地（昭和九年退東石） | 昭和七年 | 5人 | 明治四十一年 | 三次 |

| 213 | 曾〇番 | 台中州大屯郡霧峰庄 | 斗六郡斗六街林內庄百五十六番地（昭和九年退東石） | 昭和八年 | 6人 | 明治三十九年 | 三次 |
|---|---|---|---|---|---|---|---|
| 214 | 邱〇娘 | 台南州虎尾郡虎尾庄過溪子 | 斗六郡斗六街九芎林二百八十五番地（昭和九年退中寮） | 昭和六年 | 13人 | 安政六年 | 二次 |
| 215 | 羅〇華 | 台中州豐原郡內埔庄 | 斗六郡斗六街林內庄百七十六番地（昭和十年退苗栗） | 昭和十年 | 4人 | 明治三十九年 | 三次 |
| 216 | 余〇和 | 新竹州新竹郡關西庄 | 斗六郡斗六街林內庄百三十九番地（昭和十年遷竹田鳳山厝） | 昭和二年 | 20人 | 明治三十一年 | 四次 |
| 217 | 羅〇火 | 新竹州竹東郡芎林庄 | 斗六郡斗六街林內一番地（昭和六年退二水鼻子頭） | 大正十四年 | 3人 | 明治四十三年 | 三次 |
| 218 | 余〇煌 | 桃園廳竹北二堡庄子岡庄 | 斗六郡斗六街林內庄百九十四番地（昭和九年退名間） | 大正九年 | 11人 | 明治十二年 | 四次 |
| 219 | 麥〇成 | 苗栗廳苗栗一堡老田寮庄 | 斗六郡林內街二百四十五番地（昭和十二年回竹南三灣） | 昭和八年 | 7人 | 明治十三年 | 三次 |
| 220 | 蔡〇旺 | 桃園廳竹北二堡庄大茅埔 | 斗六郡斗六街林內庄七十三番地（昭和十三年回南庄） | 昭和十二年 | 15人 | 明治三年 | 三次 |
| 221 | 余〇阿富 | 桃園廳竹北二堡庄枋寮 | 斗六郡斗六街林內庄百九十四番地（昭和十三年退名間） | 昭和十二年 | 7人 | 明治四十五年 | 三次 |
| 222 | 黃〇 | 桃園廳竹北二堡庄大茅埔 | 斗六郡斗六街林內庄五百八十番地（昭和十一年回九芎林） | 昭和十年 | 17人 | 明治六年 | 四次 |
| 223 | 黃〇盛 | 苗栗廳苗栗一堡老田寮庄 | 斗六郡林內街二百七十五番地（昭和九年退林內） | 昭和九年 | 12人 | 文久二年 | 三次 |
| 224 | 馮〇祥 | 苗栗廳苗栗一堡老社寮庄 | 斗六郡林內街七十五番地（昭和十年） | 大正二年 | 4人 | 大正三年 | 二次 |
| 225 | 詹〇照 | 台中廳揀東上堡東勢角 | 斗六郡林內街二百四十五番地（大正十一年轉各地） | 大正九年 | 16人 | 明治十一年 | 五次 |
| 226 | 林〇金 | 新竹州大湖郡大湖庄 | 斗六郡林內街二百四十五番地（昭和七年轉） | 昭和七年 | 5人 | 明治十年 | 二次 |

| 227 | 黃○有 | 新竹州中壢郡新屋庄 | 斗六郡林內街五百八十番地（昭和十五年退林內） | 昭和十三年 | 7人 | 明治三十四年 | 二次 |
| 228 | 陳○河 | 苗栗州苗栗郡銅鑼灣庄新雞籠 | 斗六郡林內街二百四十五番地（昭和八年轉公館福基） | 昭和十六年 | 12人 | 慶應元年 | 四次 |
| 229 | 黃○登 | 苗栗州苗栗郡銅鑼灣庄新雞籠 | 斗六郡林內街百二十七番地昭和三年（回居） | 大正十四年 | 14人 | 明治三十七年 | 三次 |
| 230 | 黃○和 | 新竹州苗栗郡頭屋庄 | 斗六郡斗六街林內庄百九十四番地（昭和十三年退名間） | 大正二年 | 6人 | | |
| 231 | 謝○養 | 新竹廳竹北二堡沙坑庄 | 斗六郡林內街二百四十五番地（昭和七年轉） | 昭和十八年 | 9人 | 明治十六年 | 四次 |
| 232 | 黃○ | 桃園廳竹北二堡大牛欄 | 台南州斗六俊斗六街林內五百七十八番地 | 明治三十七年 | 4人 | 明治二十八年 | |
| 233 | 胡○西 | 新竹州苗栗郡頭屋庄 | 台南州斗六俊斗六街林內六百四十六番地 | 明治二十八年 | 3人 | 昭和十五年 | |
| 234 | 林○旺 | 新竹廳苗栗一堡大坑庄 | 斗六郡斗六街林內庄百九十五番地（大湖→莿桐→新莊仔） | 明治八年 | 13人 | 明治四十四年 | 四次 |
| 235 | 張○丁 | 新竹州苗栗郡苗栗街芒埔 | 斗六郡林內街二百四十五番地（昭和二年轉二林） | 明治三十二年 | 13人 | 明治三十二年 | 四次 |
| 236 | 陳○尾 | 台中豐原郡大雅庄 | 斗六郡林內街二百四十五番地（昭和十年斗六→林內） | 昭和十三年 | 13人 | 明治三十五年 | 四次 |
| 237 | 黃○山 | 新竹州中壢郡新屋庄崁頭厝 | 台南州斗六郡斗六街林內五百七十八番地 | 昭和二十年 | 3人 | 大正七年 | |
| 238 | 陳○得 | 新竹州竹南郡後龍庄新港 | 台南州斗六郡斗六街林內七百七番地 | 昭和十九年 | 3人 | 大正十六年 | |
| 239 | 黃○喜 | 嘉義郡中埔庄樹頭埔 | 斗六郡斗六街林內庄百七十二番地（黃汗忠昭和五年） | 昭和十八年 | 17人 | 大正四年 | 三次 |
| 240 | 陳氏○妹 | 苗栗州苗栗郡銅鑼灣庄新雞籠 | 斗六郡斗六街林內一番地 | 昭和十二年 | 2人 | 明治三十三年 | |
| 241 | 溫○華 | 新竹州竹東郡橫山庄 | 斗六郡林內街二百四十五番地（昭和二年轉二林） | 昭和十八年 | 19人 | | 二次 |
| 242 | 葉○澄 | 新竹州新竹市北門町 | 斗六郡林內街四百九十二番地（昭和十八年轉） | 昭和十五年 | 5人 | 大正五年 | 二次 |

| 243 | 詹○明 | 新竹州苗栗郡三叉鯉魚潭 | 斗六郡斗六街林內庄百九十四番地（苗栗→豐原→林內） | 昭和十四年 | 12人 | 大正三年 | 三次 |
|---|---|---|---|---|---|---|---|
| 244 | 張○漢 | 台中州竹山郡鹿谷庄 | 斗六郡斗六街林內庄百九十四番地（苗栗→鹿谷→壽豐） | 昭和十五年 | 8人 | 明治三十年 | |
| 245 | 劉○芳 | 台中州南投郡名間庄 | 斗六郡林內街二百四十五番地（名間→東勢→林內） | 昭和十三年 | 4人 | 大正四年 | |
| 246 | 廖○同 | 新竹州中壢郡新屋庄笨子港 | 斗六郡林內街二百四十五番地（中壢→屏東→林內） | 昭和十三年 | 7人 | 明治三十七年 | 三次 |
| 247 | 彭○昌 | 新竹州中壢郡觀音庄大潭字 | 斗六郡林內街二百四十五番地 | 昭和十四年 | 6人 | 明治四十四年 | |
| 248 | 宋○賢 | 新竹州中壢郡中壢街三座厝 | 斗六郡斗六街林內庄百九十三番地（中壢→嘉義→林內 | 昭和十七年 | 3人 | 明治四十四年 | 三次 |
| 249 | 徐氏○緞 | 新竹州竹北二堡新莊仔紅毛庄 | 斗六郡斗六街咬狗百四番地 | 明治二十一年 | 2人 | 明治五年 | |
| 250 | 古○ | 新竹州新竹街埔頂 | 斗六郡斗六街咬狗百四番地 | 大正九年 | 6人 | 慶應三年 | |
| 251 | 徐○斗 | 桃園廳竹北二堡楝榔庄 | 斗六郡斗六街咬狗百四番地 | 大正八年 | 6人 | 明治三十一年 | |
| 252 | 徐○來 | 桃園廳竹北二堡楝榔庄 | 斗六郡斗六街咬狗四百四番地 | 大正八年 | 2人 | 明治三十三年 | |
| 253 | 謝○信 | 新竹州桃園郡八塊庄霄裡 | 斗六郡林內街二百二十七番地 | 昭和九年 | 5人 | 明治二十三年 | |
| 254 | 徐○財 | 桃園廳竹北二堡楝榔庄 | 斗六郡斗六街咬狗百四番地 | 大正八年 | 3人 | 明治十年 | |
| 255 | 張○科 | 新竹州竹北二堡新庄仔 | 斗六郡斗六街咬狗百四番地 | 大正九年 | 3人 | 明治二十年 | |
| 256 | 蔡○土 | 新竹郡新埔街大茅埔 | 斗六郡斗六街烏塗子一番地 | 昭和十九年 | 6人 | 大正二年 | |
| 257 | 何○富 | 新竹州苗栗郡公館庄鶴子岡 | 斗六郡斗六街烏塗子百九十六番地 | 昭和八年 | 7人 | 明治三十五年 | 三次 |
| 258 | 黃○盛 | 苗栗廳苗栗一堡南湖庄 | 斗六郡莿桐庄新庄子二百八十二番地 | 大正七年 | 11人 | 明治七年 | |
| 259 | 彭○ | 苗栗廳苗栗一堡南湖庄 | 斗六郡莿桐庄新庄子二百八十二番地 | 大正九年 | 16人 | 明治五年 | 四次 |

| 260 | 徐○財 | 桃園廳竹北二堡楝榔庄 | 斗六郡斗六街咬狗百四番地 | 大正八年 | 3人 | 明治十年 | |
| 261 | 張○科 | 新竹州竹北二堡新庄仔 | 斗六郡斗六街咬狗百四番地 | 大正九年 | 3人 | 明治二十年 | |
| 262 | 蔡○土 | 新竹郡新埔街大茅埔 | 斗六郡斗六街烏塗子一番地 | 昭和十九年 | 6人 | 大正二年 | |
| 263 | 何○富 | 新竹州苗栗郡公館庄鶴子岡 | 斗六郡斗六街烏塗子百九十六番地 | 昭和八年 | 7人 | 明治三十五年 | 三次 |
| 264 | 黃○盛 | 苗栗廳苗栗一堡南湖庄 | 斗六郡莿桐庄新庄子二百八十二番地 | 大正七年 | 11人 | 明治七年 | |
| 265 | 彭○招 | 苗栗廳苗栗一堡南湖庄 | 斗六郡莿桐庄新庄子二百八十二番地 | 大正九年 | 16人 | 明治五年 | 四次 |